周蓓 主編

專題史叢書

程謫凡 編

河南人民出版社

中國現代女子教育史

本書對中國現代女子教育作歷史考察，將其分爲萌芽期（1840—1906）、建立期（1907—1911）和發展期（1911 年後）。是中國較早的女子教育史專著之一

圖書在版編目(CIP)數據

中國現代女子教育史 / 程謫凡編. —鄭州 : 河南人民出版社, 2016. 10(2017.7 重印)
(專題史叢書 / 周蓓主編)
ISBN 978-7-215-10499-0

Ⅰ. ①中… Ⅱ. ①程… Ⅲ. ①婦女教育-教育史-中國-現代 Ⅳ. ①G776

中國版本圖書館 CIP 數據核字(2016)第 256573 號

河南人民出版社出版發行
(地址：鄭州市經五路 66 號　郵政編碼：450002　電話：65788063)
新華書店經銷　　河南新華印刷集團有限公司印刷
開本 710 毫米×1000 毫米　1/16　印張 18
字數 177 千字
2016 年 10 月第 1 版　　2017 年 7 月第 2 次印刷

定價：114.00 圓

出版前言

中國現代學術體系是在晚清西學東漸的大潮中逐步形成的。至民國初建，中央政治權威進一步分散和削弱，加之新文化運動帶給國人思想上的空前解放，新學的啓蒙，新知識分子的産生，民國學術如草長鶯飛，進入一個自由而蓬勃的時代。中國傳統學科乃中國學術之根基與菁華所在，民國學人采用『取今復古，别立新宗』之方法，引入西方的學術觀念，積極改造，使史學、文學等學科向現代學術方向轉型。此外，大力推介西方社會科學的新學科和自然科學，在學習、借鑒乃至移植西方現代學術話語和研究範式的過程中，逐漸建立中國現代學科，使中國的學科門類迅速擴展。一時間，新舊更迭，中西交流，百花齊放，萬壑争流，開創了中國現代學術的源頭。

伴隨知識轉型和研究範式轉換而來的，還有學術著作撰寫方式的創新。中國古代的著作向來以單篇流傳，經後人整理匯編後，方以成册成集的面目出現并持續傳播。直到十九世紀末，東西方的歷史編撰體裁不外乎多卷本的編年體、紀傳體和紀事本末體等，章節體的出現標志着近代西方學術規範的産生和新史學的興起。章節體具有依時間順序，按章節編排；因事立題，分篇綜論；既分門别類，又綜合通貫的特點。以章、節搭建起論述之框架，結構分明，邏輯清晰，較傳統的撰寫體裁容量大、系統性强。它的傳入，使中國現代學術體系從内容到形式被納入了全球化的軌道。民國時期專題史的研究、譯介、編纂、出版恰恰是在這樣的背景下欣欣而發，是學術的實驗場，也是歷史的記録儀。編選『民國專題史』叢書的初衷正是爲了從一個側面展示中國學術從傳統向現代過渡的歷史進程。

專題史是對一個學科歷史的總結，是學科入門的必備和學科研究的基礎，也是對一個時代艱深新鋭問題的解答，是學術研究的高點。民國專題史著作中，既包含通論某一學科全部或一時代（區域、國别）的變化過程的，又囊括對一時代或一問題作特殊研究的，還有少部分是對某一專題的史料進行收集的。原創與翻譯并重，翻譯的底本大多選擇該學科的代表著作或歐美大學普及教本，兼顧權威性和流行性，其中日本學者的論著占據了相當比重。日本與中國同屬東亞儒家文化圈，他們在接納西方學術思想和研究模式時，已作了某種消化與調適，從思維轉換的角度看，更便于中國借鑒和利用，他們的著作因而被時人廣泛引進。

與當代學術研究日趨專業化、專門化、專家化的『窄化』道路迥乎不同的是，中國傳統學術崇尚『學問主通不主專，貴通人不尚專家』的通識型治學門徑，處于過渡轉型期的民國學術在不同程度上保留了這種特徵。民國學術大師諸學科貫通一脉、上千年縱横捭闔之功力自不待冗言，外交家著倫理政治史、文學家著哲學史、化學家著戰爭史等亦不乏其人，民國專題史研究呈現出開放、融通、跨界撰述的特點。與此同時必須看到，自晚清以來，中國的命運就在外侮屢犯、内亂頻仍的窘境中跌宕彷徨，民族存亡仿若命懸一綫。這股以創建學科、總結經驗、解決問題爲指歸的專題史出版風潮背後，包裹着民國學人企望以西學爲工具拯民族于衰微的探索精神，及以學術救亡的愛國之心。梁任公曾言：『史學者，學問之最博大而最切要者也，國民之明鏡也，愛國心之源泉也。』這種位卑未敢忘憂國的歷史使命感和國民意識是今人無法漠視和遺忘的。

『民國專題史』叢書收録的範圍包括現代各個學科，不僅限于人文社會科學，學科分類以《民國總書目》的分科爲標準，計有哲學、宗教、社會、政治、法律、軍事、經濟、文化、教育、語言文字、中國文學、外國文學、中國歷史、西方史、自然科學、醫學、工業、交通共19個學科門類。本叢書分輯整理出版，内不分科，單本發行，方便讀者按需索驥。既可作爲大專院校圖書館、學術研究機構館藏之必備資源，也可滿足個人研讀或興趣之收藏。

與目前市場已有的一些專題史叢書相比，『民國專題史』叢書具有規模大、學科全、選本精、原版影印的特點。本叢書選目首重作者的首創、權威和著作影響力，尤其注重選本的稀見性。所謂稀見，即建國後没有再版，且多數圖書館没有收藏，或即便有收藏，也是歸于非公開的珍本之列予以保存，普通讀者難以借閱。部分圖書雖有電子版，但作爲學術研究的經典原著讀本，紙質版本更利于記憶和研究之用。本叢書精揀版本最早、品相最佳的原版圖書作爲底本，因而還具有很高的版本收藏價值。

『民國專題史』的著作是民國學者對于那個時代諸問題之探究，往往有獨到之處，無論其資料、觀點短長得失如何，要之在中國現代學術史的構建與發展進程中，自有其開宗立論之地位。

姜序

安徽大學教育學系同學程謫凡君在課餘之暇，著成『中國現代女子教育史』一書，送給我看，並託我作序。我把牠展讀以後，覺得很有系統而且很有條理的。程君把中國的女子教育先作歷史的考察，復次作社會的分析，最後找出今後的中國女子應該有怎麼樣的教育一個原則。據程君的見解，以爲今後的中國女子應該養成爲一個正正堂堂的人，而不是僅僅教成做一個良妻賢母。程君對於我在十多年以前所說的『良妻賢母主義』有所懷疑，並且曾經與我互相討論，問我怎樣地把牠糾正。當時我很抽象地答覆他說：『這是我在十多年以前所發表的思想，至於現在呢，我的思想有點轉變。』同時，我承程君把我的答案敍述在本文的裏面，因此，我對於程君的這部書，多少也負有幾分連帶的責任。但是我的那個答案，是因爲當時說得太抽象，實令人難摸到我的眞意，所以我不得不乘機在此地把牠再作一度具體的解釋。

原來我所謂『思想轉變，』並非指思想本身的轉變而言，乃是說思想由某種條件所促成而轉變並且爲所限制的意思。因爲人類的思想，無論發生或轉變及牠轉變的程度，差不多都是爲社會環境之變遷所決定，並非憑空而來的。所以我對於中國的女子教育之思想的轉變，可以說是由中國社會環境的變化體地說，今日的中國已非十多年以前之中國，事過境遷，那麼昔日的『良妻賢母主義』的女子教育也早已不適用於今日的中國，所以不得不使我們由『良妻賢母主義』轉變到『非良妻賢母主義』而不容我們有所躊躇的。但是在另一方面講，所謂『非良妻賢母主義』究竟是什麼樣的一種主義呢？牠與『良妻賢母主義』相比較，彼此所差無幾呢？抑或間隔很遠呢？我們欲答解這個問題，那麼，我們不可不先把中國社會環境發展的情形作一度的檢討，看今日的中國社會已經或剛才發展到什麼樣的階段，然後再來規定出一種新主義。如果今日的中國社會已經發展到比十多年前的中國社會有好幾什倍的階段，那麼，今日的中國女子教育所採用的主義當然與從前所謂『良妻賢母主義』完全不同，不能不使我們有跳躍的轉變。否則，如果今日的中國社會剛才發展到與十多年前的中國社會情形互相銜接的一個較高的階段，那麼今日的中國女子教育所採用的主義當然與從前所謂『良妻賢母主義』剛相過渡，不能使我們有越級或躐等的轉變。

照上面所說，然則今日的中國社會究竟已經發展到什麼樣的一個階段呢？現在我爲謀說明便利起見，姑把中國社會分做過去、現在與將來三個時期來說明吧。據我個人的考察，以爲過去的中國社會是一個家族主義的社會，而所謂『家族主義』又是以父權（或者可以說是夫權）爲中心，所以當時的女子教育自然以『良妻賢母主義』爲唯一目標。至於現在呢，中國社會可以說逐漸由家族主義擴充到國族主義（根據孫中山先生所說，）而所謂『國族主義，』除掉牠本身外，還有民權與民生兩主義同時存在着的，所以今日的女子教育不得不脫離『良妻賢母主義』而轉變到另一種新主義。這一種新主義，我無以名之，名之曰『公民主義』（或者就稱之為『三民主義，』也無不可的。）再說將來的中國吧。照一般社會進化的法則看來，將來的中國社會無論如何，與一般社會一樣，再由國族主義擴張到所謂『社會（廣義的）主義，』而所謂『社會主義』又是以『一視同仁』為出發點，所以那時候的女子教育當然也須遵着社會主義而行動的。上述的這三個時期的女子教育，似乎與大學所謂『齊家、』『治國』與『平天下』三階段相恰當。今日的中國女子教育似乎就是大學所謂『治國』這一個階段的教育。

但是要注意的，我在上面所劃分的這三個時期的中國女子教育，並非說每一個時期的女子教育各自獨立而與他一個時期的女子教育不相關聯的。若用辯證法來說明，第一個時期的女子教育——『良妻賢母主義』教育——雖已經轉變為第二個時期的女子教育——『公民主義』教育，然而『公民主義』教育裏面無論如何總還殘留着幾分『良妻賢母主義』的痕跡，這是一端的話；若從另一端講，『公民主義』教育一經成立，同時在『公民主義』教育裏面遂萌芽着與『公民主義』相對立的即所謂『社會主義』教育。這就是說在『公民主義』教育以前必有『良妻賢母主義』教育先行着，並且在『公民主義』教育這個範疇裏面必殘留着幾分『良妻賢母主義』教育的痕跡及在『公民主義』教育以後又必有『社會主義』教育繼起的，並且在『公民主義』教育這個範疇裏面就立刻播下了『社會主義』教育的種子，都是社會發展之必然的過程順序，無論如何爲人力所不能避免的。

上面的這一段話，是就着理論的方面而立論的現在我再拿事實來講講吧。今日的中國社會上，家庭制度還是存在着的，因此，所謂『良妻賢母主義』教育就不能立刻廢除了。假定我們立刻把牠廢除了，那麼，試問家政歸誰操作？子女歸誰養育？這樣，不但家庭擾亂，就是社會也頓時發生不安的現象，還有什麼『公民主義』教育的建設可言呢？換句話說，我們欲實現『公民主義』教育，那麼，我們不可不等到家庭上的人們都有做善良的一份子之資格（如果就女子而論，這就是所謂『良妻賢母』）以後，才能夠談得到實現的。不消說在要實現『公民主義』教育以前是這樣地期待的，就是在實現『公民主義』教育的當兒，也還時時注意到『家庭上一善良的份子』之養成。例如美國的中等教育目標裏面含有這一項，就因爲此。大學說：『家齊而後國治』也不外乎此。這是指由『良妻賢母主義』教育轉變到『公民主義』教育之應走的途徑而言的，至於由『公民主義』教育轉變到『社會主義』教育之應走的途徑呢，這也是可以由上述的道理而推論的，舉一反三，無需復述了。大學又說：『國治而後天下平』，也是一個當然的結論。

我更有言的，現在的中國社會上，有許多女子對於男子主張民權，甚或主張所謂『人權』，要事事與男子求平等自由的在原則上講，這種主張與要求是很對的，因為人類的人格，不拘男女，是平等自由的。但是要知道的，所謂『民權』或『人權』，如孫中山先生所說，是人為的，並非天造地設的。具體地說，如果一個人主張民權或人權要與他一個人求平等自由，那麼這個人非先把他自己養成為一個獨立自營，既能生產，又能善於消費的人不可。否則，設使這個人一方面主張或要求民權與人權，然他方面卻毫沒有獨立自營的能力，即既不能生產，又歡喜浪費，像這樣的『不勞而獲』的個人，還有什麼資格與他一個人講平等自由呢？照我個人的私見以為凡是一個女子，如果她還沒有獨立自營的能力（大部份是指經濟的能力而言），那麼，她慢從政治的觀點來講民權，或從社會的觀點來講人權，姑且先從家庭的觀點去講點『良妻賢母主義』做個家庭上善良的份子，幫助着男子操作家政與養育子女吧。（這是我站在男子的立場對着女子而說的話，如果我易地站在女子的立場對着男子而說話，那麼，我也是這樣地主張的。）

照上面的一段話推論起來，所謂『良妻賢母主義』的女子教育本身單獨地存在的時候，牠並沒有好壞之可言，如果我們說牠是好的或是壞的話，那麼，非拿另一個主義與牠作一度比較不可。譬如我在上面拿有些女子毫沒有獨立自營的能力，即她既不能生產，又歡喜浪費，所謂『不勞而獲』，好像『寄生蟲』一樣，如果把這樣的女子與受過『良妻賢母主義』教育的那些女子放在一處相比較，那麼，『良妻賢母主義』教育可以說是好的東西。但是此地所謂『良妻賢母主義』，是以男女平權為出發點，並非側重於男子的權利一方面而言的。反之，如果我們把有些僅僅受過『良妻賢母主義』教育，終生事姑相夫，祇知有家庭生活而不知有社會服務的女子與有些受過『公民主義』教育除掉家庭生活外，還能够到社會去服務的女子放在一處相比較，那麼，不消說那種側重於男子的權利一方面的『良妻賢母主義』教育是沒有絲毫的價值，就是站在男女平權的觀點上所謂『良妻賢母主義』教育也是沒有多大的價值，可以極端地說是壞的。不但『良妻賢母主義』教育與別種主義相比較的時候，可以這樣地看出牠是好的或是壞的，並且『公民主義』教育若與別種主義——譬如一端與『良妻賢母主義』教育，另一端與『社會主義』教育——相比較，那麼也可以說牠是壞的或是好的。普遍地說句話，凡是低級主義的東西與高級主義的東西相比較的時候，那麼低級主義的東西總是壞的，高級主義的東西總是好的，至於各個主義本身單獨地存在的時候，牠簡直沒有好壞之可言。

但是社會制度是向前進展的，跟着社會制度的變動而變動的人類的思想也是向前進展的；至於教育呢，牠一方面是社會的根本機能〔姑借用克里克(E. Krieck)的話〕他一方面又經人類的思想成爲一種教育學說，因此，無論教育本身或教育學說也都是向前進展的。如前面所說，『良妻賢母主義』是低級的，『公民主義』是較高級的，『社會主義』是最高級的東西。因爲如此，所以無論教育本身或教育學說，總是想由低級主義(良妻賢母主義)而進展至於較高級主義(公民主義)然後再由較高級主義而進展至於最高級主義（社會主義）再消極地說，牠總不肯並且也不能始終停留於低級主義（良妻賢母主義）之上。除非上智者自己會能提高或下愚者無法被人提高，姑作別論，至於介乎上智者與下愚者之中間的最大多數的人們呢，教育對於他們總想盡量地由低級提升到較高級，然後再由較高級提升到最高級，一直提升到提無可提的那階段而後已。總之，教育不但要教人做個『好人，』並且要教人做個『有用的人，』不但教人做個『有用的人，』並且要教人做個『好人兼有用的人。』『良妻賢母主義』教育是教人做個『好人』『公民主義』教育是教人做個『有用的人』『社會主義教育』是教人做個『好人兼有用的人。』由此，可見我們對於今日的中國女子教育之思想，由『良妻賢母主義』轉變到『非良妻賢母主義』——『公民主義，』決非破壞中國的固有道德，實在講都是使中國的固有道德有所發展或擴充，升高到更完善的這條道路去。一句話，這就是要使中國固有的『好人教育』升高到『有用人教育』的這條道路去。

況且在教育過程上講，我們對於今日的中國所施行的女子教育這一個階段雖以『公民主義』為主要的目標，然而根據前面所說，尤其根據大學所說，還要時時回顧到『良妻賢母主義』這一個階段。關於這一點，牠的理由，我在前面既經說過了，此地無需復述。現在我所要說的，就是關於『公民主義』與『社會主義』之關係這一點。原來這一點本是社會問題，並且這個問題的範圍很大，斷非此地所能夠說得詳盡所以，我們祇得姑且把這個問題讓諸別人去討論，並且把別人所討論的結果當做眞實的東西看待吧。至於他們所討論的結果究竟是怎樣的一回事呢？據他們所觀察，現在的中國社會所能够實行的祇是一種三民主義。因此，我們的前提也不外乎三民主義。我們的前提既經這樣地確定，那麼，我們對於今日的中國女子教育之思想，更不消說必須以『公民主義』為根據的。因為所謂『公民』一語，據我個人的見解，以為牠與所謂『三民』一語是屬於同一的範疇（關於公民之概念，我另有專著，此地我不過姑先抽象地說一句話而已。）但是在教育的實施上，我們雖以為今日的中國女子教育是以『公民主義』為本位，然而在教育的理想上，我們又不可不常時懷抱着一種『社會主義』。這無異於在實施『公民主義』的女子教育的當兒，常時要回顧到『良妻賢母主義』一樣，所異的不過一是退後地溯本追源，一是向前地推波助瀾而已，然而兩者有幫助於『公民主義』教育之發展，實無軒輊之可言。

原來教育是一個過程，因為牠是一個過程，所以如前面所說，牠是不斷地向前進展的。具體地說，在教育過程的某一個階段上講，牠祇有一個朝前的直接的目的，但是在整個的教育過程上談，牠除掉目前的直接的目的外，還須懷抱着一個永遠的終極的目的。這個永遠的終極的目的究竟是什麼？我簡單地先答一句：這就是上面所舉的『社會主義』。現在我也無需我自己再有什麼解釋，祇要把現行的中華民國教育宗旨抄出來一讀就會知道的。中華民國教育宗旨說：『中華民國之教育，根據三民主義，以充實人民生活，扶植社會生存，發展國民生計，延續民族生命爲目的；務期民族獨立，民權普遍，民生發展，以促進世界大同。』這個教育宗旨所說的話，除掉最後一句外，都是現在的教育所必須具備的目前的直接的目的；而最後一句，就是我們所謂教育的永遠的終極的目的。尤其中華民國教育宗旨說明書裏面說得明白：『發揮國際正義，涵養人類同情，』這明明是教人在實施『公民主義』之外，還要常時懷抱着『社會主義』的意思。但是現在的教育還祇教人要懷抱着『社會主義』的理想，如果要實行牠的話，那麼非等到『公民主義』完全實現以後不可。中華民國教育宗旨說『……務期民族獨立，民權普遍，民生發展，以促進世界大同。』牠的說明書又說：『……期由民族自決，進於世界大同，』等語，就是這椿意思。這樣的說法，不啻說『良妻賢母主義』教育是『公民主義』教育的先行條件一般。固然，設使『良妻賢母主義』的女子教育不轉變到『公民主義』的女子教育，那是『裹足不前』的辦法，應該被擯斥的，然而如果我們不先實現『公民主義』的女子教育，而遽言要實行『社會主義』的女子教育，那又是『一蹴可幾』的辦法，究非正當之道。這樣的兩兩相對，過猶不及，其弊相等。因爲如此，所以我以爲今日的中國女子教育一方面必須由從前的『良妻賢母主義』轉變到『非良妻賢母主義』，同時他方面應該在若干『非良妻賢母主義』的當中擇出一個比較地適合於現在的中國社會情形而且富於發展的可能性之主義，卽所謂『公民主義』（或者就稱之爲『三民主義』）做個本位或中心去實施的。我剛才所說的最後幾句話，就是表明我對於今日的中國女子教育之思想，確是由我在十多年以前所說的『良妻賢母主義』轉變到『非良妻賢母主義』；但是我的思想轉變之程度多少還是為中國社會進展的過程上所有的現在一階段所限制，使我姑採用『公民主義』或『三民主義』與從前的『良妻賢母主義』相對抗，現在我就把牠稱為『非良妻賢母主義』也無不可的。

以上所述，我已經把我自己對於今日的中國女子教育之思想的變遷與結論敘述一過了。現在我再來根據前面所說的話，提出一、二點意見與程君作一度商榷吧。程君的前提是在於以為今日的中國女子教育不應該採取『良妻賢母主義』而必須提倡『人』——『社會的人』——的教育。他說：『在現代社會下的人類，無論男女都有工作的擔負，假使婦女不擔負社會上的勞動，則將仍被鎖入到閨閫裏灶爐邊，度其奴隸生活，這不是我們所主張的。我們應絕對承認女子同男子一樣的是「社會的人」，要使女子參加社會上的各種活動，發展人類的生活與趣和能力。換句話說，要使女子從家庭跳到社會上來，脫離家庭的羈縛……』他又說：『眞正的女子教育就是站在「人」的立場，以「社會的人」為目標，以普遍大衆為對象，根本上牠就是整個的社會的「人」的教育，並沒有什麼專為女子而設的女子教育——「女子教育」只是為暫時說明便利計的一個名辭，到某一時期，男女間已沒有界限，這個不妥適的名辭就會消滅。』程君的幾句話，在一般原則上講，是很對的，因為無論男女同是人類一份子，他們有平等的人格，所以女子如同男子一樣也應該享受『人』的教育。但是在特殊事實上講，如果要使女子從家庭跳到社會上來，做個『社會的人』，去擔負社會上的勞動，那麼，非先問那個女子有無擔負社會服務之能力不可。原來個人的能力，有些是生來具有的，有些是環境養成的。先就生來具有的能力而論，男女間固沒有高低優劣可言，然而男女間的能力無論在心理上或生理上來看，總不免有點差異，所以男女們所擔負的社會服務之種類不能說是絕對同樣的。譬如教育，一般地說，各國法律對於女教師一旦結婚，輒令她停止職務，這就是因爲如果她懷妊，則有妨礙於職務，也就是因爲女子的生理有一種特徵的緣故。復次就環境養成的能力而論，男女間對於社會服務所需要之技能，究竟有無差異，完全視各該社會組織怎樣而定的。譬如一個社會還是家族時期的社會組織，例如日本，牠對於女子所養成之技能，仍不出於家政一項的範圍以外。最近德國希特勒（Adolf Hitler）對於德國的女子極力主張要她們回到家庭去，以爲女子的唯一責任就是養育子女。這也就是因爲德國如同日本一樣，要保存家族主義的社會組織的緣故。又如一個社會將要超越家族主義而進入於社會主義時期的社會組織，例如蘇俄，牠對於女子所養成之技能，當然也是超越於家政一項以上的。至於我們中國呢，牠一方面既是將要由家族主義擴張到國族主義，然他方面又未曾進入於完全的社會主義的時期，所以牠對於女子所養成之技能是應該介乎日、德與蘇俄的女子教育之中間，有所折衷的。由此可見環境養成之女子的能力不但與男子稍異其趣，就是在各社會的女子自身之間也不能够一律的一句話，她們所有由環境所養成之能力，完全是視各該社會組織怎樣而生差異的。

如上所述，女子的能力，無論先天的或後天的，與男子的能力既有若干差異，所以她們在社會上所擔負的操作與勞動，就不能够就是男子在社會上所擔負的那種操作與勞動，換句話說，男女間在社會上所擔負的操作與勞動之種類與性質總不免有點差異的。因爲如此，所以我以爲在一般原則上講，像程君所說，我們應該絕對承認女子同男子一樣的是『社會的人』，這是很對的；但是在特殊事實上講，女子無論何時，無論何處，與男子享受完全同樣的教育，好像程君所說一樣，只有社會『人』的教育，並沒有什麼專爲女子而設的女子教育，這是空想的。由此可見我個人對於今日的中國女子教育雖由我在十多年以前所主張的『良妻賢母主義』轉變到『非良妻賢母主義』，然而我如同十多年前所說的一樣，仍以爲女子教育無論何時，無論何處，因受着心理的、生理的及社會的影響，多少是與男子教育各異其趣的。英國斯賓塞(H. Spencer)一方面不問男女主張教育爲完全生活之準備，然他方面對於女子特別注重關於子孫教養的活動，其教科目爲生理學，心理學及教育學等，這也不外乎此。如前面所說，美國的中等教育目標裏面所含的『家庭上一善良的份子』一項，也就是採用斯賓塞的主張而擬定，並非站在不平等的立場對於女子有所歧視的。再進一步說，即就蘇俄而論，牠雖則抽象地主張男女一樣地享受『人』的教育，然而牠在實際上對於女子仍舊很注重養成女子有昔日家庭上的生育、教養、烹飪、縫紉等的知識技能，這也就是因爲女子的心理與生理上有一種特徵，則不得不如此的。由此可見程君視閨闥裏或灶爐邊的知識技能是奴隸生活而爲今日的女子所不應該學習的這種主張，似乎要修正的。原來任何一種的事項是否奴隸生活，並非在名義上可以視察出來的，而是屬於那種事項的內容問題。譬如閨闥裏的縫紉及灶爐邊的烹飪，如果不爲他人所强迫，而爲女子自身願意地所做的，認牠爲人類的一種天職，那麽，這決不是奴隸的生活而是神聖的操作與勞動。反過來說也然，譬如美國社會上的一切事業，在名義上看來，雖則差不多都是一種所謂『社會服務』而爲『社會的人』所應該做的，然而在事實上看來，那些事業沒有一件不是資本家爲他們自己打算，不過雇用許多無所有的男女們去做，使他們獲得少許報酬以資餬口而已。試問這種社會服務，是一種神聖的操作與勞作呢？或是奴隸的生活呢？我想誰也知道的，這是一種奴隸的生活。由此可見家庭裏的一切工作並非就是奴隸的生活而爲一般女子所不應該做的。然則程君的觀察，祇知其一而不知其二，關於這一點，也還有商榷之餘地。

此外，程君所謂『人』的敎育，照程君的意思是指『社會的人』的敎育而言。如果程君的這種主張應用之於蘇俄社會，則不成什麽問題。因爲蘇俄的社會雖未完全到達社會主義，然而多少是接近於社會主義，所以蘇俄的敎育學者像馬克斯（K. Marx）一樣，當解釋『人』或研究『人』的時候，把『人』解釋爲『社會的人』，那就不會失之抽象，而可以具體地顯出人之所以爲人的特徵，這譬猶我們決不會

『祇見森林而不見樹木』一般。然而我們中國如前面所說，還是一個未曾進入於社會主義的時期而是由家族主義擴張到國族主義之社會，所以我們如果在今日的中國社會上解釋『人』或研究『人』，那麼非把『人』解釋爲『國家社會的人』或簡稱『國家的人』不可。設使像程君一樣，把『人』解釋爲『社會的人』，那麼不啻有招『祇見森林而不見樹木』之誚。固然，在西洋教育學者中也頗有人是像程君這樣地解釋『人』或研究『人』，例如德國的那篤爾普(Paul Natorp)，凱欣斯泰奈(G. Kerschensteiner)及克里克等都解釋『人』爲『社會的人』。克里克說：『在教育上看來，我們不可不把個人視爲社會全體生活上的個人』；並且，克里克指摘從來的教育太側重個性而不把人導入於社會，當作『社會之類型的同化』看待，這不啻『祇見樹木而不見森林』一般。但是像那、凱、克諸人尤其像克氏這樣地解釋『人』爲『社會的人』，都不免失之太抽象，所以日本篠原助市批評克里克『祇見森林而不見樹木』，（見岩波講座教育科學第十六冊二十八頁）決非無的放矢的。原來那、凱、克諸人都是遵奉國家主義之人而可以被稱爲國家主義的教育學者，所以他們所謂『社會』，實在講起來，並非廣義的社會而是狹義的社會——國家社會——的意思。這樣，那麼他們竟解釋『人』爲『社會的人』而不稱『人』爲『國家社會的人』或簡稱『國家的人』，豈非名實不相符嗎？同一道理，程君在今日的中國社會上解釋『人』爲『社會的人』，也不免失之太抽象了，更有補充說明之必要。

原來所謂『人』，如果照我在前面所說的話，至少分做三種人，即在家庭的觀點上，可以稱人爲『家庭的人』；在國家社會的觀點上，可以稱人爲『國家社會的人』，或『國家的人』；在廣義的社會的觀點上，可以稱人爲『社會的人』。同時我爲補充前面所說的話起見，我對於這三種人，姑再各下以下一個界說。現在單就女子而論，所謂『家庭的人』，是指具有操作家政養育子女的德性、知識與技能的女子而言；所謂『國家社會的人』或『國家的人』，是指具有公民的體格、德性、知識與技能，一面能獨立自營，一面能幫助他人，並且能够生產而可以隨時限制隨時鑑別消耗品的好壞做一個良好消費家之女子而言；（參考杜威所說，見杜威五大演講，教育哲學三〇——三一頁）所謂『社會的人』，是指更擴張上述的第二種人的資格，能够各盡其能，各取所需，彼此之間，講求正義，表示同情之女子而言。因爲有了上述的這三種人，並且每一種人各有一定的界說，那麼，試問程君所謂『人』，究竟是指那一種人而言呢？——家庭的人呢？國家社會的人或國家的人呢？抑或社會的人呢？程君所說的『人』，當然不是『家庭的人』，因爲程君本來是反對『良妻賢母主義』的女子教育，所以假使他所說的『人』是指『家庭的人』而言，那麼，這豈不是與他自己的本旨互相矛盾嗎？况且，程君明白地告訴過我說他主張今後的中國女子教育，應該是整個的『社會的人』的教育。程君的這種主張，若在教育的理想上看來，固然不成什麼問題的，因爲教育的理想，如前面所說是在於要有這個永遠的終極的目的；但是在教育的實施上，又如前面所說，這種

「人」的教育還未能適合於今日的中國社會之要求，所以這種主張在今日的中國社會情形之下，未免太早計的。所剩下的，祇有請程君姑照我個人的意思認為他所謂「人」是指「國家社會的人」或「國家的人」而言吧。

程君聞我言，或者以為我的這種主張是一種「國家主義」教育，而與今日的中國社會情形有所衝突的。因此，我對於我們所謂「國家社會的人」或「國家的人」又不得不費一度的解釋。據我個人的見解，以為我們所謂「國家社會的人」或「國家的人」與上述的那、凱、克諸人的意想中所存在着的所謂「國家社會的人」或「國家的人」，在名稱上講，雖是相同的，然而在內容上講，彼此是歧異的。怎樣說呢？因為那、凱、克諸人的中心思想是「國家主義，」又是「民族至上主義，」據他們的意思以為國家或民族，尤其德意志國家或德意志民族是至高無上的東西，所以他們所謂「國家社會」或「國家」祇是德意志國家或德意志民族，捨此以外，再沒有第二個至高無上的國家或民族了。然而我們所謂「國家社會」或「國家」決不是這樣的，因為我們的中心思想是三民主義，而三民主義中之所謂「民族主義」，又如孫中山先生所說，並非國家主義，而是廣義的民族主義——求國際上之平等自由的一種主義；況且在三民主義裏面，除掉這種廣義的民族主義外，還有求政治上之平等自由的民權主義與求經濟上之平等自由的民生主義存在着的，所以我們所謂「國家社會」或「國家」，並非像那、凱、克諸人祇以他自己的國家或民族爲本位而不知還有別的國家或民族存在着的那樣國家社會或國家，而是具有『天下爲公』的精神之國家社會或國家。我在前面所以對於從這樣的國家社會或國家所引起而規定出來的範疇，不稱之爲『國民主義』而稱之爲『公民主義』，就是要採取『天下爲公』的意味，以爲我們中國的人民是一種『天下爲公』的人民。這樣，那麼程君對於我的上述的那種主張不必鰓鰓過慮，認爲牠有陷於『國家主義』之虞。我敢再積極地說句話，我的這種主張，一面是要越過『良妻賢母主義』的低級女子教育而進展於較高級女子教育，一方面又要漸進地去謀接近於『社會主義』的最高級女子教育，不過認爲在相當的時期內，現在非把這種『公民主義』的較高級女子教育姑且繼續地維持一下不可。況且，我在前面已經說過了，如果我站在辯證法的立場，那麼，我們應該知道就是從前的『良妻賢母主義』的女子教育裏面早已萌芽着『非良妻賢母主義』的女子教育，然在另一方面看來，就是像蘇俄的社會主義的女子教育裏面，也難完全排脫了從前的『良妻賢母主義』的女子教育的痕跡。就前一方面而論，譬如日、德，牠雖則極力提倡『良妻賢母主義』的女子教育，然而世界的潮流不容許牠絕對地這樣做下去，所以在『良妻賢母主義』以外，不得不實施一種『非良妻賢母主義』，例如所謂狹義的公民常識——法制、經濟——的教育。就後一方面而論，譬如蘇俄，牠雖則極力主張『社會的人』的教育，然而在心理學及生理學的某種條件之下，則不得不在社會主義的女子教育的範圍以內，有時兼施以一種從前的『良妻賢母主義』

的女子教育例如烹飪法洗濯法乃至育兒方法等等。至於現在的中國呢，固然像希脫拉那樣的主張要一切女子都回到家庭裏去，是爲我們國情所不能容；然而像蘇俄那樣的主張要一切女子都跑進社會裏去，也是爲我們國情所難能辦到的。我們中國的目前辦法，祗有折衷日、德與蘇俄兩方面的主張，即一方面對於一部分有社會服務能力的女子，同時社會也有職務給她們幹，那麼我們可以容許這部份女子先跑進社會裏去；他方面對於另一部份沒有社會服務能力的女子，同時社會並沒有職務給她們幹，那麼我們只得要求這部份女子姑留住家庭面做事。這並非一種妥協調和的辦法，實在是社會進化史之必然的一個階段。等到將來的中國經過這個階段，像蘇俄的社會一樣，無論男女人人都能够在社會上找到服務的地方，同時在生理的方法又有所謂『公育場』及『托兒所』之設立，那麼所謂『良妻賢母主義』不廢而自廢，即使那時候還有這種主義，也不過是在『公育場』及『托兒所』裏要女子們去擔負這種工作而已。這就是如上面所說在社會主義的女子教育裏面仍保留着從前的『良妻賢母主義』的女子教育痕跡的意思。由此可見目前的中國女子教育縱使提倡『國家社會的人』或『國家的人』的教育，不但與今日的中國社會情形沒有衝突，並且對於將來的社會前途也沒有阻害其發展的。

總之，我在上面所述的話，是我主張我們一方面儘管反對『良妻賢母主義』，然他方面對於站在男女平權的觀點上所謂『良妻賢母主義』的女子教育又須常常爲我們所回顧，一時不能够完全地把牠拋棄了。我的理由，除掉我在前面所說的話外，還要拿今日的中國社會的實際情形來仔細地觀察一下吧。

我個人覺得今日的中國社會上，在一方面看來，有許多女子缺乏獨立自營的能力，即使有些受過相當的教育，其中極少數是能够生產而且懂得怎樣消費的道理，至於大多數呢，她們不但不能够生產，並且因爲受了都市物質文明的影響，反而慣於消耗與浪費，徒增家庭經濟的擔負。日前我遇見一位很有農村經驗的朋友，他很沉痛地告訴我說：『現在中國農村破產，慢說牠的原因在於帝國主義之壓迫，把外國貨充斥我市場，以斷我農村生產物之銷路，然而農村的內部，壯丁不事耕作，女子不操家政，所剩下的只有一般老弱無力氣的老農夫在田裏耕作，如此，焉得不使生產力低減？因此，農村焉得不破產？』照這位朋友所說的話看來，在今日農村破產時期內，壯丁怎樣處置？是另一問題；至於農村的女子呢？她們非受點所謂『良妻賢母主義』教育不可。同時，在他方面看來，縱使今日的中國女子，人人都受過相當的教育，人人有生產的知識與技能，既能生產，又能善於消費，然而今日的中國社會，凡百事業，都未舉辦，而且因爲有種種原因，一時舉辦不起來，所以社會沒有許多事業，甚至絕無事業給女子們做，這樣，縱使女子有多大的生產的知識與技能，然而英雄無用武之地，白費教育的。固然，這種情形不限於女子，並且男子也是這樣的，但是女子比之男子尤甚。綜合上述的兩方面的話而論，在這樣的青黃不接之今日的中國社會，牠的女子教育，除掉以『人』的教育爲原則外，還要有稍稍保留着所謂『良妻賢母主義』的女子教育之必要，當然，我們對於從前側重於男子的權利一方面之所謂『良妻賢母主義』的女子教育，無論如何要絕對地排斥，不容許牠絲毫地存在着的。

以上幾點，是我對於程君的這部書有所商榷而提出的區區意見。程君的這部書，在理論或原則的方面我是極端地贊同的；不過在實施或方法的方面，我覺得有些地方究竟是一時行不通的，具體地說，究竟是不適合於今日的中國社會情形，所以我在此地，姑提出一點意見貢獻於程君之前，以資補充程君的這部書之不足而已。程君既然肯虛懷若谷地向我徵求意見，我也老不客氣地對於他提出一點意見，以資互相商榷。我想程君不嫌我冒昧，而引我為一個切磋之朋友吧。

二三，九，二七，姜琦序於湖北省立教育學院。

自序

寫這本書的動機，是在去年十月，那時，偶然爲了一個問題，覺引起我對於女子教育研究的興趣。目前中國的女子教育應該朝那一方向走？我曾爲這問題思索了好久，可是終沒有得到令人稍爲滿意的結論。我想，與其空在腦子裏思索，倒不如從牠——女子教育——的史的發展中找出牠應該走的路向。不過，也許有人要說：『教育是整個的，應該從整個的方面去觀察；放着整個的問題不去過問，而祇注意於局部的探討，那祇是一種無益的徒勞。』但是我們要知道：女子教育之在中國，乃是被視爲一種特殊的教育，和我們一般男子所受的殊異其趣。我們想明白這種兩歧的教育是否合理，與如何使這兩歧的教育進於同一的教育，那末，女子教育的單獨研究，該也不是一件毫無價值的事！

有了上述理由，從去年十月起，我便開始搜集材料，到今年三月，纔正式着手起草。就中最令人感覺困難的，是此地圖書事業不甚發達，搜集材料頗爲不易；其次，個人尚有不少課內工作要做，不能拿出全部時間用在這上面，所以本書的寫作，費時較長。本來，我是預計暑假期中完稿的，但爲了生活的壓榨，剛放假我又跑到本省——安徽——第四區（壽州）小學教師暑期講習會教了一個月的書，回來心神勞頓，懶於執筆，就一直遲到現在。

本書共分六章：第一章緒論，把中國過去數千年的女子地位和女子教育粗略的理出了一點頭緒；二、三、四、五、各章，爲中國現代女子教育的敍述，對於教育思想和教育實際兩方面都同等顧到；末章，爲個人對於女子教育的意見，可算爲本書的結論。我這本書的目的，並不想要怎樣轉移社會對於女子教育的態度，我只希望能因此引起國內教育家對於這個問題的注意，更進而有所提供，那我就算不虛費此『拋磚』之力了。

本書係草創之作，缺漏甚至錯誤的地方，或所難免，惟求讀者指正！書中徵引參考書原文甚多，對於原作者諸君謹致謝意。再書中提到師長先輩時，概遵史例運用通常姓氏，未加以任何尊號，謹在此道歉！

在計劃寫草本書時，承姜師伯韓，周師予同兩教授指示許多意見，稿成，復承姜、周兩師校閱一過，給我不少的指正，姜師並賜撰萬言長序，我都萬分感激！同學劉眞先生亦曾爲我逐章校閱，費時頗多，得他指正的地方亦不在少，此外，還有好多位朋友直接或間接對本書有許多幫助，就中尤以劉效蘭女士出力最多，我都在此一併誌謝！

安徽省立圖書館館長陳東原先生，予以借書便利，也在此誌謝！

二十三年雙十節，程謫凡自序於安慶安徽大學。

中國現代女子教育史目錄

第五章　中國現代女子教育發展時期(下)……一一五

第一節　本期之女子初等教育……一二五

第二節　本期之女子中學教育……一四六

第三節　本期之女子高等教育……一六八

第四節　本期之女子師範教育……一八四

第五節　本期之女子職業教育……二〇五

第六章　中國女子教育現況之檢討……二二五

第一節　中國女子教育落後的原因……二二五

第二節　中國現代女子教育的矛盾性……二三四

第三節　中國女子教育動向之確立……二四七

中國現代女子教育史

第一章 緒論

第一節 本書的旨趣

什麽是教育 教育爲國家建設的要素之一，這是誰也不能否認的。無論古往今來，一個民族或國家的健全與否，全視其文化程度的高低而定。所謂文化，乃人類生活之一部分，是人類經驗的增加和改造。人類爲適應社會的和自然的環境，無意的或有意的創造一種行爲的方法或工具，以滿足其生活上的需要。這種由經驗中創造出來的新的有效的行爲方法，便成爲人類一種新的適應生活需要的工具。這種工具，又常因人類生活的需要和環境的壓迫，而不斷的增加和改造，不斷的由近傳到遠，由這一代傳到下一代。這種不斷的由近傳到遠，由這一代傳到下一代的經驗的傳遞，便是所謂教育，教育是文化的傳遞者，是文化的創造者。

從上面一段話看來，我們知道教育是在人類生活的歷程中，對於人類經驗或文化作繼續不斷的創造和改變，這中間從最早到現在，牠是有着一條嬗變的線索。教育史就是在於利用科學的方法去觀察這嬗變的線索。歷史是延續的不斷的，過去原就存在於現在之中，現在是過去演變的結果。所以，我們要了解現在，必得追溯過去，從歷史的發展過程中去作有體系的觀察與研究，會更明白過去，了解現在，和推測將來。

本書的旨趣和範圍　教育研究之科學的方法，大概不外橫的和縱的兩方面，前者如教育統計、教育測驗等；後者則爲教育之史的研究，即所謂教育史是。由此，更可見教育之史的研究實爲研究教育的重要方法之一。

教育之史的研究之重要，已如前述。那末爲什麼要單研究女子教育史呢？

從理論上講，女子是『人』，同男子一樣的是『人』。教育這東西是屬於『人』的，牠是把上一代的人類文化傳給於下一代的人類，固無須乎分別男女。然而，事實上，無論在東方或西方，過去的女子地位是低於男子的，男子佔有着社會上的一切權利，女子只不過是男子的附屬品而已。男女之地位既如此懸殊，其教育權之享受自然也不平等。況且，社會上還有一種偏見，以爲女子生來就弱於男子，上帝賦予她們以低能，使她們的天性、能力等都比男子弱些。這樣，不但不給她們享受教育，而且也是天生的不能享受。即如十八世紀自然主義教育大師盧梭（Russeau 1712——1778），他也主張女子教育的目的祇在於養成

『良妻賢母，』使女子練習身體，誕育健全的嬰兒；修飾姿容，學習跳舞、音樂、繪畫、刺繡，好教男子喜歡；受宗教和道德的陶冶，養成馴良的德性，以和睦家庭。他的根據，就是以爲女子無獨立存在的人格，她是爲男子而存在，爲男子而受教育。在盧梭以前的人之輕視女子，那更不消說得了。

男子和女子所受的教育是不同的，女子，國家給予她以特殊的教育。這種情形，在世界各國，現在還可以看到。因此，我們要在全部教育史中劃出女子教育一部來做專門的敍述和研究。

爲什麼要研究中國現代女子教育史呢？固然，教育是整個的社會的一種機構，不能離掉全社會的觀點而從事於部分的分析。然爲研究便利計，我們又不得不把範圍縮狹些，限以中國。況且，中國現代教育尙在嘗試時期，女子教育尤未穩定，我們要改造牠，必須先要認識牠，爲了要認識，更其要對中國作單獨的研究。

至於，爲什麼要冠以『現代』二字，這是因爲女子教育之興，在中國乃是最近八、九十年間事。在八、九十年前，中國無女子教育可言。故本書對於教育的研究，在性別上是限於女子，在空間上是限於中國，在時間上是限於最近八、九十年。

第二節 中國過去的女子地位

傳說中的女子地位　女子人格之被忽視，東西各國，在過去莫不皆然。聖經裏有這樣一段記載：上帝起初造了男子之後，說『人單獨的是不好的，』他又爲他造了一切鳥類。但因爲亞當沒有適合的輔助者，就令亞當睡在地上，由亞當身體內抽出肋骨來造了女子，把來送給亞當。亞當說：『這才是我骨中之骨，肉中之肉，這是由男子身中抽出來的，應該叫她作女子。』日本也有個神話：男神伊奘冊和女神伊奘美初次相會時，女神先開口說了話，男神不高興，說『女子上前，不成樣子。』後來，果然生出了醜陋低能的孩子。自後改由男子先發言，這纔生出了很體面的子女。這雖是些荒誕無稽的神話，但從這種神話裏，我們可以看到世人輕視女子的態度。印度有一諺語：『女子同鞋靴一樣，合脚就穿，不合脚丟了就是。』也是蔑視女子人格的表現。即如爲現代法家所奉爲圭臬的拿破崙法典上也說：『女子本是爲着男子而生的，女子是男子的財產，是爲男子生育子女的，正像樹木一樣，是園主的財產，給園主生產果實。』至於中國，像這類輕視女子的話，更所在多有。由此，可見女子沒有被認爲是人，沒有人的人格，她不過是男子的附庸、所有物，並不是某一地方如此，差不多已是全世界一般人的共同觀念了。

母系社會的女子地位　女子之被輕視，並非自有人類以來就已如此；而是後來歷史演變的結果。在原始氏族社會時代，以母系爲中心，社會的一切權力都操在女子手裏。呂氏春秋恃君覽上所謂：『昔太古嘗無君矣，其民聚生羣處，知母不知父。』就是寫的當時母系中心氏族社會的狀況。

近人摩爾根（Morgan）對於這個問題研究得頗爲精確，他在北美的伊洛瓜印度住了好久，從那裏的土人生活中更證明了古代母系中心社會之確實存在。伊洛瓜印度人戴共同的女祖先的家族，和我們現在戴男祖先一樣組成一個氏族。這氏族由最年長的老婆婆統領，氏族內的經濟權總攬在老婆婆手裏。老婆婆死了，其家長資格由年長的女兒繼承。兒子們往別氏族的姑娘們處去入贅，姑娘們則住在家裏迎夫。這樣，女子都是屬於同一氏系的血族，而男子却都是由別氏族走攏來的。因此，男子就毫無勢力，社會上的實權全操在女子手裏，一切都由她們贊否而定。像這種母系氏族的組織，在南美的新墨西哥以及亞利桑拉地方的皮幼耶卜洛印度人裏面都還存在。由此，我們可以知道在父系中心社會以前，還有種母系中心制度實行了若干年代。中國，當然也曾經過這一個階段的。

母系崩潰和女權降落　母系中心社會的崩潰，是鐵器發明時期的事。鐵器發明促進了農業的進步，農業進步，男子領有着六畜與土地，生產能力日益加大；而女子之以經營氏族爲範圍的生產便不能不降爲附庸的地位。因此，母系中心社會便這樣輕巧巧地轉變爲父系中心社會，女子也就由支配人的地位而降爲被支配的奴隸地位了。這時，生產力量日見增加，私有財產制度也日漸確立，社會乃因此分裂爲富有的治者與貧困的被治者，爲維持富有者的地位，國家制度因以產生。在國家制度初成立時，社會組織乃是一種純粹的奴隸制度。當時屬於奴隸這一部份的，除了被征服的異民族，便是女子。女子之被掠奪、買賣、贈與這一類蔑視『人』的人格的勾當，都在這時期一一發生了。

稍後由奴隸制度社會轉變到真正的封建制度社會。在封建制度社會裏的女子，除掉做土地和土地生產物集中的少數帝王諸侯的奴隸者外，還要做家長的奴隸、丈夫的奴隸。在這種雙重隸屬的情態之下，女子的自由意志完全被剝奪了。這種封建制度所及於女子的壓迫和束縛，實際上直到最近百十年間還巍然存在。

這裏，讓我們從中國過去的典籍裏看看中國女子所處的地位，究竟低落到何種境地。

女子在家庭中的地位　女子似乎是命定的要弱於男子，易繫辭上說：『坤道成女，』坤者陰也，陰柔陽剛，故女子以柔順為主。女子既生來就賦有弱性，那末生男生女也無怪其待遇的各異了：

『大人占之，維熊維羆，男子之祥；維虺維蛇，女子之祥。乃生男子，載寢之牀，載衣之裳，載弄之璋；其泣喤喤，朱芾斯皇，室家君王。乃生女子，載寢之地，載衣之裼，載弄之瓦；無非無儀，惟酒食是議，無父母詒罹。』（小雅斯干章）

對待剛出生的男女嬰孩，竟有這大差別！

女子既如此被人輕視，故人人都不願生女，以致於

『父母之於子也，產男則相賀，產女則殺之。』（韓非子六反篇）

北齊顏氏家訓治家篇有云：

『世人多不舉女，賊行骨肉，豈當如此，而望福於天乎？吾有疏親家，饒妮媵，誕育將及，使遣婚豎守之，體有不安，窺牕倚戶，若生女者，輒持將去，母隨號泣，莫敢救之，使人不忍聞也。』

這種殺女的風氣，就是到現在，有些地方還仍然存在着。（山東及安徽北部溺女之風，現仍盛行。溺法：穩婆洗嬰時，在浴盆上橫放一塊板，挈嬰從板上過，叫做『過橋，』半中將嬰孩抹落淹死，說是命不好，過不得橋。他如丟到河裏塘裏，那更是普通的溺法。）

女子雖有幸而不被殺，然其地位却爲極低。她乃男子的附庸，男子的所有物；她只服服帖帖的做奴隸，柔順服從，自己却無獨立的人格。穀梁傳上說：

『婦人謂嫁曰歸，反曰來歸，從人者也。婦人在家制於父，既嫁制於夫，夫死從長子，婦人不專行，必有從也。』

禮記郊特牲上也說：

『出乎大門，而先男帥女。女從男，夫婦之義由此始也。婦人從人者也：幼從父兄，嫁從夫，夫死從子。』

女子是『從人的，』換言之，就是人的奴隸。所以，她一生都過着奴隸的生活。在未嫁以前，她要善事父母：

「鷄初鳴，咸盥漱櫛縱，總角，衣紳，皆佩容臭，昧爽而朝。問何飲食矣，若已食則退，未食則佐長者視具，」（內則）

既嫁而後：

「婦事舅姑如事父母，鷄初鳴，咸盥漱，櫛縰，笄總衣紳，左佩紛、帨、刀、礪、小觿、金燧，右佩箴管、線纊、施縏袠、大觿、木燧，衿纓綦屨，以適父母舅姑之所。及所，下氣怡聲問衣襖寒，疾痛苛癢而敬抑搔之；出入則或先或後而敬抑扶持之。進盥少者奉槃，長者奉水，請沃盥，盥卒，授巾。問所欲而從之，柔色以溫之。」（內則）

「凡婦不命適私室，不敢退。婦將有事，大小必請於舅姑。子媳無私貨，無私畜，無私器；不敢私假，不敢私與。」（內則）

事夫，則以「順從為務，貞慤為首，」所以：

「事夫有五平日纚笄而相，則有君臣之嚴；沃盥饋食，則有父子之敬；報反而行，則有兄弟之道；規過成德，則有朋友之義；惟寢席之交，而後有夫婦之情。」（儀禮註）

女子除事父母舅姑和丈夫而外，她的主要任務便在於育兒了。育兒要：

「行為儀表，言則中義；胎養子孫，以漸教化；既成其德，致其功業。」（烈女傳母儀篇）

女子一生的活動，槪跳不出這個圈子，她只能在這個圈子裏面打轉；而這些活動的中心，却還在於

『夫，』『夫』便是這個生活之圈的中軸。孝敬舅姑，因爲舅姑是夫的父母；養育嬰兒，因爲要繼承夫的宗支。所以，女子之於夫，那是再尊敬沒有的了。

怎樣叫做『夫？』『夫』的意思究竟是什麽？禮記郊特牲上說：

『夫也者，以知帥人者也。』

這顯然地是以夫爲主司，妻爲從屬了。並且因爲『夫有傅相之德而可倚仗，』故又有『丈夫』的稱謂。楚辭上曾說：

『思夫君兮太息』『思夫君兮未來』

還直以『君』名『夫』了，可想見夫的威嚴！

到了班昭手裏，她更把夫抬得和天一樣的高大。她說：

『夫有再娶之儀，女無二適之文，故曰夫者天也，天固不可逃，夫固不可違也。行違神祇，天則罰之，禮儀有愆，夫則薄之。故事夫如事天，與孝子事父，忠臣事君同也。』（女誡夫婦篇）

女子既是那樣卑賤，那樣沒一點地位；那末，男子不高興妻的時候，當然可以將她趕出去。大戴禮本命上說：

『婦人七出不順父母爲其逆德也；無子，爲其絕嗣也；淫，爲其亂族也；妒，爲其亂家也；有惡疾，爲其不可與共粢盛也；口多言爲其離親也；竊盜，爲其反義也。』

這是何等苛刻的處分！因爲『不順父母』便是『逆德，』所以：

『姑云不爾而是，固宜曲從；姑云爾而非，猶宜順命。』（女誡曲從篇）

不問姑的話是否合理，你都得好生生的『順命。』再若：

『子甚宜其妻，父母不說，出。』（內則）

無論丈夫怎樣愛妻，只要父母不高興，那也將認爲是『逆德』而要被『出』的。『無子，』那是女子的罪過，不然你爲什麼要做女子呢？『淫』爲『亂族，』可是丈夫宿娼蓄妾，你得不要『妒』；否則，那又是『亂家』了。有『惡疾，』怎樣『共粢盛？』好說話，竊盜，那都是了不得的罪犯！

所謂『竊盜，』並不一定是指犯了什麼偷竊的罪而言，就是『私積聚』也認爲是『竊盜』而干『出』律的。例如：

『衞人嫁其子而教之曰：「必私積聚，爲人婦而出，常也；其成居，幸也。」其子因私積聚，其姑以爲多私而出之。』（韓非子說林）

這就是『子媳無私貨，無私畜，無私器』的法典的執行。

丈夫固然有許多理由可以出妻，而妻卻不能棄夫而走。列女傳所謂『終不更二，』便是『從一而終』

的意思。縱令丈夫相棄，女子也只有自怨命薄，如詩經王風：

『……有女仳離，嘅其嘆矣；嘅其嘆矣，遇人之艱難矣！……有女仳離，條其歗矣；條其歗矣，遇人之不淑矣！……有女仳離，啜其泣矣；啜其泣矣，何嗟及矣！』

這都是女子被夫遺棄的自怨自艾！至若丈夫死了，也仍然不能改嫁，必得

『三年重服，守志堅心，保持家業，整頓墳塋，殷勤訓後，存殁光榮。』（女論語）

這就是因為『餓死事小，失節事大』的緣故。所以卓文君之奔司馬相如，竟貽為千秋笑柄。

女子在社會上的地位　女子生來就要她躲在家裏，社會上的事只有男子去問。內則上說：『子生男子設弧於門外，女子設帨於門右。』在門裏設帨，顯然是暗示着女子不外是巾幗中的人物。古代對於男女之別，非常謹嚴，一面固在使男主外，婦主內，不讓女子露頭角；一面也在於防止男女間的越『禮』相求，而有損於貞德，故曰：

『男女無辨則亂井。』（樂記）

男女有別的唯一方法便是隔離，使男女永無接觸的機會。

『七年，男女不同席，不共食。』（內則）

這是隔離之始，以後就

『男女不雜坐，不同椸枷，不同巾櫛，不親授。』（曲禮）

即使是同胞血屬，也免不了要『避嫌遠別：』

『姑姊妹女子已嫁而反，兄弟弗與同席而坐，同器而食。』（曲禮）

男女之間既然有了內外之別，因此便

『外言不入於梱，內言不出於梱。』（曲禮）

『男不言內，女不言外。非祭非喪，不相授器，其相授則女受以篚；其無篚，則皆坐奠之而後取之。內外不共井，不共湢浴，不通寢席，不通乞假。男女不通衣裳。內言不出，外言不入。男子入內，不嘯不指，夜行以燭，無燭則止。女子出門，必擁蔽其面，夜行以燭，無燭則止。』（內則）

把女子緊鎖梱內，使她不和男子見面，不和男子說話，認為『女正乎內，男正乎外，』乃『天地之大義。』

對女子採用封鎖政策，這無異於把女子視為財產或所有物了。既視女子為財產或所有物，那末買賣的勾當是必然有的。我們看：

『冬官玉人之事……穀圭七寸，天子以聘女。』（周禮）

『成公八年，夏宋公使公孫壽來納幣。』（春秋）

『某有先人之禮，儷皮束帛，使某也請納徵。』（儀禮士婚禮）

自天子以至於庶人，都免不了『納幣』而娶，換言之，無論是天子，是諸侯，是庶人，都須拿錢或物品去購買女子的。至於『買妾不知其姓則卜之』（曲禮）那更是直言不諱的說『買』了。

在政治方面，『公庭不言婦女』（曲禮）也是輕視女子之社會的地位的表現。『從夫之爵，坐以夫之齒，』這不過是『妻以夫貴』罷了。

婦人有七出之條，在法律上，女子是受着更大的壓迫的。

女子既然是『無私貨，無私畜，無私器，』在經濟上又失却了自主的地位；再加上『婦人不專行，必有從也；』她不能繼承宗支，財產的繼承，更是談不到。所以，女子在社會上的地位，極其卑賤。

妾的地位　妻的地位固低於夫，而妾的地位又低於妻，那末妾之於夫，更是低到極點了。這原因是古代通婚，最重儀式，明媒正娶，纔算正室；若未經過預定的婚姻程序而成婚，那便是造成『妾』的原因。內則所謂『聘則為妻，奔則為妾』者，即是這樣。妾在婚姻的關係上是沒有地位的。妾雖在婚姻的關係上沒有地位，可是在當時却已成為通行的制度。禮記昏義上說：

『古者天子后立六宮，三夫人，九嬪，二十七世婦，八十一御妻。』

除了后為正室外，餘都是妾，這是天子方面的。諸侯位遜天子，所娶當較少：

『公侯有夫人，有世婦，有妻，有妾。』（曲禮）

『諸侯一聘九女。』（公羊傳）

卿大夫又遜於諸侯，故

『卿大夫一妻二妾。』（白虎通）

至於士庶人，則

『士一妻一妾。』（白虎通）

『齊人有一妻一妾而處室者。』（孟子）

是則，自天子以至於庶人，娶妾已是上下通行的制度了。

妾的地位低於妻前面已經說過。所以，妾要尊稱其夫之妻爲『女君。』劉熙釋名釋親屬上說：

『妾謂夫之嫡妻曰女君。夫爲男君，故名其妻爲女君也。』

有時，妾稱夫爲『主父』稱夫的妻爲『主母。』就在這稱謂上，也可見妾的地位的低賤了。妾死了，其待遇亦不平等：

『其妻祔於諸祖姑，妾祔於妾祖姑，無妾祖姑者易牲而祔於女君可也。』（喪服小記）

『妾祔於妾祖姑，無妾祖姑，則亦從其昭穆之妾。』（雜記）

生爲女子，已是做了男子的奴隸，再嫁而爲妾，則是奴隸的奴隸了。處在這種雙重奴隸地位的女子，數千年來，正不知有多少！

總之，從母系中心社會轉變到父系中心社會以後，女子所處的地位，便一天天的降低了。她們變成奴隸，度着奴隸的生活；變成財產，任男子去支配宰割。幾千年來，經過歷代帝王和一般腐儒的明吹暗打，神經麻木了的女文人的推波助瀾，益使女子陷於深淵而不自覺！

第三節　中國女子舊教育的回顧

中國女子過去所處的地位，已如前節所述，極其卑賤；而她們在教育方面的不爲人所重視，也是勢所必然。中國的整個社會，數千年來，都爲男子所獨占，何況教育。教育就是女子要教的話，也只是教她們怎樣做奴隸，教她們怎樣服服帖帖的『從人』。這種教育是爲男子而教的，在女子只是更加上一副鐐銬。

教育制度之在中國，產生很早。據可考的，自三代以迄於近世，已有三、四千年的歷史了。在這三、四千年中，女子教育始終沒一點地位。嚴格的說起來，在光緒三十三年（公元一九〇七）——記住這一年是值得我們紀念的——以前，根本就無女子教育之可言。但，女子的學校教育雖形成很晚，而非學校的教育，則是隨着生活而俱進的。中國的學校教育，固然是受了西洋文明的影響而興起；而在制度的本身方面，自也有其歷史的背景在。這一代的社會制度，乃前一代社會制度演變的結果，這中間是有着一條嬗變的線索。女子教育由非學校教育而進於學校教育，也是歷史演變的結果，並非偶然！這裏，我們就要來看看牠演變的線索。

原始社會的女子教育　在原始社會時代所謂教育不過是一種『模倣』或『學習』，兒童隨着成人，有意的或無意的模倣成人的動作。因爲在那個時代生活簡單，種族經驗缺乏，用不着採用後來教學的方式來施教，所謂『教育和生活的合一』，正可以用來說明原始社會的教育狀態。教育既僅是動作的模倣，那末男女所受的同是這模倣的教育，自然沒有什麼高下，有之，也許女子教育較男子高一點，因爲那時乃母系中心社會，男子是女子的奴隸，奴隸便要模倣或學習奴隸的事情。

母系崩潰後的女子教育　到母系中心社會崩潰，父系中心社會建立的時代，男子便跳到女子之上，女子變成男子的奴隸了。自後，只看到男子在社會上活動，女子被禁閉在閨闥內，在這樣的社會制度之下，女子教育只限於家庭，國家並沒有承認她們在教育上的地位。

三代的時候，六歲之內的男女固是受着同樣的家庭教育：

『凡生子，擇於諸母與可者，必求其寬裕慈惠溫良恭儉愼而寡言者，使爲子師』（內則）

所謂『子』，乃包括男子和女子而言，男女同在『師』的指導之下受着教育。『能吃，『教以右手』』這是相同的；『能言，男唯，女俞，男鞶革，女鞶絲，』這就有點不同了。『六年，教之數與方名，』也是男女相同。可是一到七歲，便『男女不同席，不共食』了。

男子是社會的主人，自然到了十歲要出外就傅；女子，她是終身禁錮於閨闥之內的人，仍脫離不了家庭的教育。女子之在當時，她不必學習怎樣做人，祇須學習怎樣做媳婦，換句話說，祇要能善事舅姑，丈夫和操作家事，便是當時的標準女子了。所以女子到了十歲，便要深處閨闥受所謂『姆教』教些什麼？

（一）學女德——婉，娩，聽從。

（二）學女事——執麻枲；治絲繭；織紝組紃。

（三）觀祭祀——納酒漿籩豆葅醢助奠。（見內則）

皇家宗室三屬的女子，在嫁前三月還有種特殊的教育，就是在『公宮』或『宗室』內教以婦德、婦言婦容婦功等四德（見昏儀）什麼人教呢？

『國君取大夫之妾，士之妻，老無子者，而明於婦道，又祿之使教宗室五屬之女。』（白虎通）

至於平民人家的女子，在出嫁時，父母也叮戒幾句，和皇室女子嫁前三月的教育有同等意義。儀禮士昏禮上說：

『父送女命之曰：「戒之，戒之，夙夜無違命！」母施衿結帨曰：「勉之，勉之，夙夜無違宮事！」庶母及門內，施鞶申之以父母之命，命之曰：「敬恭聽命，宗爾父母之言，夙夜無愆，視諸衿鞶。」』

旌表貞順的開端　女子要做好媳婦，對於舅姑必須順從，對於丈夫必須守貞。『貞』與『順』便形成爲女子的最高的道德標準所以，秦始皇幾次刻石都曾提及，也不外使女子重視貞節。漢宣帝神爵四年（公元前五八），詔賜貞婦順女帛（見漢書宣帝本紀），開旌表節孝貞烈之端。這種獎勵和提倡，也是施於女子的一種暗示教育。

漢代兩個女教聖人　漢代出了兩個女教聖人，寫了兩部經典，益加鎖住了此後二千年女子的奴隸命運。這兩部經典：一部是前漢劉向的列女傳，一部是後漢班昭的女誡。列女傳現存七篇：母儀、賢明、仁智、貞順、節義、辨通、孽嬖等，無非教女子死心踏地的做父母舅姑丈夫兒子的奴隸。

班昭自己就是一個女子。因爲漢代儒風極盛，史籍頗多，有些女子也跟着父兄學些書史，故後漢時期，雖無女子學校之設，竟亦出了不少的女文人，班昭便是其中之一。

從歷史方面看，班昭是第一個露頭臉的女子。她覺得女子也應該讀書，她說：

『察今之君子，徒知妻婦之不可不御，威儀之不可不整，故訓其男，檢以書傳；殊不知夫主之不可不事，義理之不可不存也。但教男而不教女，不亦蔽於彼此之數乎？禮八歲始教之書，十五而學至矣，獨不可依此以爲則哉？』（女誡夫婦篇）

女子要教的理由是因爲要『事夫』『事夫』便是女子教育的目的。教些什麼呢？當然不外乎所謂三從四德。我們看她對於四德的解釋：

『婦德不必才明絕異也——幽閑貞靜，守節整齊，行己有恥，動靜有法：是謂婦德

婦言不必辯口利辭也——擇詞而說，不道惡語，時然後言，不厭於人：是謂婦言

婦容不必顏色美麗也——盥浣塵穢，服飾鮮潔，沐浴以時，身不垢辱：是謂婦容

婦功不必工巧過人也——專心紡績，不好戲笑，潔齊酒食，以奉賓客：是謂婦功』

三從乃從父、從夫、從子，尤以從夫為重，她對於從夫的說明：

『夫有再娶之儀，女無二適之文，故曰夫者天也，……故事夫如事天，與孝子事父，忠臣事君同也。』

『事夫如事天，』這是何等的尊嚴！因為要敬事丈夫，自然對於丈夫的父母——舅姑，應該順從；對於叔妹輩，應該和悅週旋，總之，這些所謂三從四德的大道理，牠的基礎乃建築在一個根本觀念上——那就是『卑弱。』班昭所謂『古者生女三日，臥之牀下……明其卑弱，主下人也。』『……陽以剛為德，女以柔為用，男以強為貴，女以弱為美。』『卑弱』纔是奴隸的骨頭，女子教育也就建築在這『卑弱』的基點上。

唐代幾部女教科書　班昭後五、六百年，到了唐代又出了幾部女教科書：一是唐太宗長孫皇后作的女則三十卷；一是陳邈妻鄭氏的女孝經；一是宋若莘的女論語。除女則散佚外，餘兩書在近代猶有很大勢力，尤以女論語為最。

女孝經共十八章：(一)開宗明義；(二)后妃；(三)夫人；(四)邦君；(五)庶人；(六)事舅姑；(七)三才；(八)孝治；(九)賢明；(一〇)紀德行；(一一)五刑；(一二)廣要道；(一三)廣守信；(一四)廣揚名；(一五)諫諍；(一六)胎教；(一七)母儀；(一八)舉惡。

女論語分全書爲十二章：(一)立身；(二)學作；(三)學禮；(四)早起；(五)事父母；(六)事舅姑；(七)事夫，(八)訓男女；(九)營家；(一〇)待客；(一一)和柔；(一二)守節。

以上兩書都是叶韻的，讀起來便於記憶，故其勢力也因而延長到現在。

女論語除掉教女子怎樣立身處世，並且還舉出了教女子教育子女的方法。我們拿現在的名辭附會來說，訓男女章就是訓子（男和女）教學法。這裏錄一段關於訓女的方法；

『女處閨門，少令出戶，喚來便來，喚去便去，稍有不從，當加叱怒，朝暮訓誨，各勤事務，掃地燒香，紙麻緝紵。若在人前，修他禮數，遞獻茶湯，從容退步，莫縱嬌癡，恐他啼怒，莫縱跳梁，恐他輕侮，莫縱歌詞，恐他淫汚；莫縱遊行，恐他惡事。』—（女論語訓男女章）

這不是訓女教學法嗎？假使我們再附會說牠是訓育法，也未始不可，因爲那時還是教訓合一的。

唐代教女項目，計有十項：(一)習女工；(二)議論酒食；(三)溫良恭儉；(四)修飾容儀；(五)學書學算；(六)小心軟語；(七)閨房貞潔；(八)不唱詞曲；(九)聞事不傳；(十)善事尊長。（見李義山雜纂）女論語這部教科書的教材內容除學書學算沒有述及外，其餘所有項目，都包括無餘。

宋明的女子教育　宋代主張女子讀書的也有人在像司馬光便主張女子到了六歲應該學習輕小的女工，七歲開始讀孝經、論語，九歲爲她講解孝經、論語、列女傳、女誡一類的書；惟有詩歌、詞曲及音樂等女子則不宜學習。（見司馬光家範）他以爲女子最要曉得的是怎樣做人的妻子，他舉出做妻的六個標準：

『爲人妻者，其德有六：一曰柔順，二曰清潔，三曰不妒，四曰儉約，五曰恭謹，六曰勤勞。』（訓子孫文）

明代新出的女教專書有明初仁孝文皇后的女訓，成祖時羣臣編輯的古今列女傳，明末呂坤的閨範，溫氏母訓諸書，都在於教女子以爲女爲婦爲母之道。

明末，社會上漸有不使女子讀書的趨勢，所以呂坤說：

『今人養女多不教讀書認字，蓋亦防微杜漸之意；然女子貞淫，却不在此。果教以正道，令知道理，如孝經、列女傳、女訓、女誡之類，不可不熟讀講明，使他心上開朗，亦閫教之不可少也。』

清代的女子教育　女子教育到了清代盛極一時，爲前此數千年所僅見。清初藍鼎元著女學，爲女教專書中的巨著，對三從四德的道理闡發靡遺。稍後，陳宏謀作教女遺規，用意亦與藍同。

乾隆年間，李晚芳（女子）編女學言行錄，極力主張女子應『學』。她所根據的理由是：

『……男治乎外，女治乎內，厥職維均，皆不可不學。然男子終身皆學之日，女子自成童以後，所學不過十年，卽于歸而任人家政。事舅姑，奉宗廟，相夫子，訓子女，和娣姒伯叔諸姑，齊家之務畢集，皆取給於十年之學故學於女子爲尤亟。』

學些什麼呢？

『女學之要有四：曰去私，曰敦禮，曰讀書，曰治事。』

『女學之道亦有四：曰事父母之道，曰事舅姑之道，曰事夫子之道；曰敎子女之道，四者自少至老，一生之事盡矣。』

敎學女子應從何時開始呢？

『爲敎爲學，皆當謹於童年以端其始。』

以上所述，都爲李晚芳對於女子教育的主張。

男女平等思想的濫觴　自三代以至有清，女子教育都是基於『卑弱』的根本觀念上，主張三從四德、男尊女卑的曾未有人敢挺身而出，替三、四千年來深受羈縛的女子吐一口氣。可是，在清代晚葉，却出了兩個『前無古人』的先覺。

第一個要說的，便是鏡花緣的作者李汝珍（據胡適鏡花緣引論考證。）他以小說的體裁暴露着過去社會對待女子的種種罪惡力論男女應該受平等的待遇平等的教育和平等的選舉制度這種男女平等的思想充分地表現在這部書裏。如他在第十二回裏論女子纏足：

『試問鼻大者削之使小，額高者削之使平，人必謂爲殘廢之人。何以兩足殘缺，步履艱難，卻又爲美？……此聖人之所必誅，賢者之所不取。』

在五十一回裏，借兩面國的一個押寨夫人的話指斥女子單面貞操的不當：

『假如我要討個男妾，日日把你冷淡，你可歡喜？你們作男子的，……一經轉到富貴場中，就……把本來面目都忘了；……將糟糠之情也置度外，這眞是强盜行爲，已該碎屍萬段。你還只想置妾，那裏有個忠恕之道？』

他更借黑齒國而寫出了他理想中的男女平等的教育制度和選擧制度：

『……凡有能文處女，俱准赴試，以文之優劣定以等第，或賜才女匾額，或賜冠帶榮身，或封其父母，或榮及翁姑，乃吾鄉勝事。凡生女之家，到了四、五歲，無論貧富，莫不送塾攻書，以備赴試。』

以上不過是略擧一、二，以見其概而已。

和李氏同時的又有個俞正燮（安徽黟縣人），他卻正言厲色的提出了他的男女平等的主張，他說：

『婦無二適之文，固也；男亦無再娶之義。』

『婦人再嫁者不當非之，不再嫁者敬禮之斯可矣。』

又說：

『古言終身不改，身則男女同也。七事出妻，乃七改矣；妻死再娶，乃八改矣男子禮義無涯涘而深文以罔婦人，是無恥之論也！』（癸巳類稿）

這是何等透澈，何等大膽的議論！他也反對纏足，非議貞女及男子敎女兒殉節以爲自榮的心理在當時封建思想充盛的社會中敢這樣勇敢的提出公理的主張，實所僅見！

李、俞兩氏的這種主張，在當時雖未發生多大效力，確也是中國男女平權思想的濫觴。後此，中國的婦女解放運動潮湧而起，雖說是受了西洋文明東侵的影響；可是，這一條反抗男尊女卑的舊思想的火線，却早伏在一百年前了。我們萬不可數典忘祖！

第四節　中國現代女子教育的鳥瞰

現代女子教育的分期　自鴉片戰爭以後西方文化日漸侵入，中國的舊有文明便漸漸搖動起來了。到維新運動時期，老實不客氣，更把西方文明接受了一部。我們談現代女子教育，當亦導源於鴉片戰爭，因爲戰後的教會女校便是現代中國女子教育的根苗。算起來自鴉片戰爭到現在，不過九十年的歷史；而女子教育正式列入學制，尚不及三十年。在這短短的歷史中，我們要追尋牠進展的過程。

我們爲研究便利起見，不能不把這短短的幾十年再給牠分爲幾個段落。固然，歷史的演變是一貫的、整個的，我們不能給牠截然劃分，使各成爲片斷的一部；但歷史的研究，從綿延繁複的史實中求出系統的條理來，終究不能不採用這種人爲的勉强的劃分方法——雖然，這一期固含有上一期史實的成分，下一期也含有這一期事蹟的痕跡。因爲這樣，我對於中國現代女子教育給牠分爲三個時期：第一個時期，從鴉片戰爭至光緒三十二年（公元一八四〇——一九〇六），爲中國現代女子教育萌芽時期；第二個時期，自光緒三十三年至宣統三年清室滅亡止（公元一九〇七——一九一一），爲中國現代女子教育建立時期；第三個時期，自民國元年（公元一九一二）至現在，爲中國現代女子教育發展時期。

萌芽時期　這個時期，正是清政府多事之秋，內憂外患，紛至沓來。西洋勢力，隨通商、傳教而撞開了中國數千年來閉關自守的門戶。經濟和軍事諸方面的侵略，同時並進，使中國幾無以自存；再加上傳教士之到處組織敎會，設立學校，更予中國以文化的壓迫。國勢至此，衰危已極，朝野人士，咸覺非變法不足以圖存。於是，維新詔下，改科舉，設學堂，外國的典章制度，便漸次移植到中國來了。同時，教會在中國各處設立女學，開中國女子學校的先河；而國人也感覺女學之於國家興亡，攸關匪淺，民間女學因亦漸多設立。光緒二十九年（公元一九〇三）清政府重訂學堂章程，將女子教育包括於家庭教育之中，使女子教育走近國家制度的路上去，是爲中國現代女子教育萌芽時期。

建立時期　上期的女子教育，尚在萌芽時代。除掉教會和國人私辦的女子學校，國家並未規定女子的正式教育。女子教育正式列入學制，要以光緒三十三年（公元一九〇七）為始。光緒三十一年（公元一九〇五）學部成立，三十三年學部奏定女子師範學堂章程三十九條，女子小學堂章程二十六條，是為國家正式承認女子教育之始。不過這個時期的女子教育和當時的男子教育截然兩道。不但在學制的本身上有所不同（當時所定，女子最高教育止於女子師範學堂；）即在同階段的學校的修業年限和課程方面，也有差異。這種制度，我們稱之為兩性的雙軌制，因為在那個時期純粹依據性別而敷設了男女各異的兩條教育軌。這是中國現代女子教育建立時期。

發展時期　清政府到了末葉，外受列強炮火的重重進逼，內有孫中山、黃興所領導的革命運動，日漸支持不住。雖也曾變法維新，預備立憲，但却是空喊口號，期保全其萬世一系的基業，實際上，竟無絲毫成效。因此，武昌起義，遂推翻滿清政府而建立中華民國起來。

專制政體既經摧毀，所有因緣於專制政體而產生的典章制度，自也隨清室滅亡而俱盡。所以，當初的兩性雙軌制的教育制度，到民國成立，便完全崩潰了。高等教育，在五四運動以前，女子雖尚無地位；而其他之中等教育和初等教育，學制上男女已趨於一致了。五四運動，給予國人以新的意識，摧毀數千年來禮教的壁壘；良妻賢母主義的女子教育觀，到此也瀕於絕境。在文化上，確是一大突變。男尊女卑的觀念既被打消，男女平權的思想又復風靡一時，高等教育機關便因此開放女禁，中小學也都實行男女同學。迨至民國十一年（公元一九二二）新學制頒定，不分性別的單軌制的教育更正式確立。十六年（公元一九二七）國民政府奠都南京以後，良妻賢母主義的女子教育又漸有復活的趨勢，這是女子教育發展過程中值得注意的地方。以上是爲中國現代女子教育發展時期。

第二章　中國現代女子教育萌芽時期

第一節　變法維新與女子教育

清末的內政和外交　清代自道光咸豐以還，國勢一天天衰落下來。一方面固由人民苦於滿族的壓制，時時欲顛覆之以爲快；一方面也是由於清廷自身的腐敗：任用奸佞，吏治敗壞，賄賂公行，上下蒙蔽；稍後，慈禧專政，又復窮極奢華，恣情任性，監宦干涉朝政，弄得派別紛歧，黨同伐異。清廷的腐敗混亂，至此已達極點。

政府本身既已腐敗不堪，人民自然乘機揭櫫而起；況且，還有不少的志士正在懷恨異族的蹂躪，思有所以顛覆。所以，內亂終不免一再繼起了。清末內亂之大者：在前有回部之擾西北，猺民之亂湖、廣（均道光年間事；）在後有太平天國的革命（咸豐初事，）義和團的『攘夷』（光緒時事，）八、九十年間，竟有這樣大的幾次變亂，怎教國勢不衰危民生不凋敝？

至於對外交涉，那更令人痛心！

鴉片戰爭，撞開中國門戶，閉關自守的迷夢給打得粉碎了。在先，國人妄自尊大，不明白外國的地勢情形，不懂得外國的語言文字，以爲自己的國家是文化最高而歷史最悠久的古國，是天朝，是上邦；視外洋各國爲蠻戎夷狄之族，無足輕重。迨鴉片之役，清政府一敗塗地，訂立所謂南京條約：割香港，開五口通商，賠款二千一百萬；這纔曉得外國並不是可以輕視的。不久，於咸豐八年（公元一八五八）因英、法聯軍之役，又訂天津條約，領事裁判權的許給，制定新稅率的協商，都始於此。以後，烟台、伊犂、越南諸條約相繼訂立，無不失地喪權，屈服於列强鐵蹄之下。甲午中日戰開，中國慘敗，訂立馬關條約，承認朝鮮獨立，割澎湖列島、臺灣，賠軍費二萬萬兩，開內地商埠，及許日輪內河航行，受創至鉅。光緒二十六年（公元一九〇〇）義和團亂起，毀教堂，殺外國使臣和傳教師，八國聯軍因此進佔北京，兩宮出走。次年和議既定，毀大沽砲台及天津城垣，賠款四百五十兆兩。

清代末葉，不數十年間，訂立了許多喪權辱國的條約。自南京條約起，便正式承認外國的經濟侵略；馬關條約，復許外人在內地通商口岸開設工廠。領事裁判權的許予，關稅的不能自主，內河航行的承認，在在都給予外國經濟的政治的軍事的侵略以方便。就海關統計看來，自光緒三年（公元一八七七）至光緒二十七年（公元一九〇一）這二十四年間，貿易入超竟增至九八、六四六、一六一兩（光緒三年入超爲五、七八八、八七四兩），較原超增加二十倍。至光緒三十年（公元一九〇四）以後，入超的數目更有增加，這裏且舉光緒三十年（公元一九〇四）至三十三年（公元一九〇七）貿易比較爲例：

	輸入	輸出	入超
光緒三十年	三四四、〇六〇、六〇八	二三九、四八六、六二八	一〇四、五七三、九二五
光緒三十一年	四四七、一〇〇、七九一	二二七、八八八、一九七	二一九、二一二、五九四
光緒三十二年	四一〇、二七〇、〇八二	二三六、四五六、七三九	一七三、八一三、三四三
光緒三十三年	四一六、四〇一、三六九	二六四、三八〇、六九七	一五二、〇二〇、六七二

（本位依海關兩）

從上表看來，中國每年要送給外國一萬萬兩的銀錢，其在內地開設工廠所榨取的中國金錢，尚未計入。我們中國，一面做了外國原料的產地，一面又做了外國商品的銷場；因此，外國工商業遂支配了整個的中國經濟。漏巵日增不已，國計民生逐漸感受窘迫，社會的紛亂和不安定的情狀，也日見顯著。

鴉片戰爭所給予國人的刺激，就是使國人知道中國舊有文化之不足恃，和西洋文明有可採用的餘地。所以，同治初年有各種同文館、造船局、機器局等的設置；但那都不過是權宜之計，而非根本之道。甲午敗後，李鴻章和伊藤博文會於馬關的時候，博文說：『與中堂別來十年，中國毫無改變成法，同深抱歉。』李氏非常慚愧，確也是中國極大的恥辱。自後，東西各國都相逼而來，瓜分之說，甚囂塵上。中國朝野上下，到此已咸認有革新政治的必要了。

變法維新　光緒二十一年（公元一八九五），中日和議初定，康有爲聯合會試士子一千三百人上書請求變法維新格於廷臣不得達；康氏乃退而創立强學會於北京，旋被解散。康氏門人梁啓超復在上海創辦時務報，皷吹維新運動，頗得舉國人士的同情，咸覺根本改革爲不可稍緩。德宗亦以『時局如此，國勢如此，』力主新政。所以光緒二十四年（公元一八九八）四月下詔國中：

『數年以來，中外人士，講求時務，多主變法自强，邇者詔書數下，如開特科，汰冗兵，改武科制度，立大小學堂，皆經再三審定，籌之至熟，惟是風氣尚未大開，論說莫宗一是，……衆喙嘵嘵，空言無補！試問時局如此，國勢如此，若仍以不練之兵，有限之餉，士無實學，工無良師，强弱相形，貧富懸絕，豈能制梃以撻堅甲利兵乎？……用特明白宣示，……各宜努力向上，發憤爲雄，以聖賢義理之學，植其根本，又博采西學之切於時務者，實力講求，以救空疏迂謬之弊。……務求化無用爲有用，以成通經濟變之才。』

當時，並擢用康有爲、梁啓超、譚嗣同等爲軍機章京，大革舊法，自四月到七月，四個月中，維新的詔令數十下，如廢八股，改科舉，興學堂（舉辦京師大學堂，令各省開設中西學堂，）汰冗員，裁冗兵，廣言路，廢淫祀，准工商專利等，當時國政，煥然一新。後因文武舊臣慫恿慈禧出而阻止，是年八月，德宗被幽禁於瀛台，慈禧臨朝，收殺新黨譚嗣同等六人，康、梁均逃走海外，新政便就此停頓。

迨經庚子敗後，國勢益危，國人更覺非變法不足以圖存，慈禧也恍悟於排外之非計，亟欲改革新政；於是，乃下詔變法，新政又因而復活。

變法維新與教育　光緒二十六年（公元一九〇〇）十二月，復下詔變法，並諭京內外官員條陳時政，當時應詔的非常之多，而最關重要的便是張之洞劉坤一會奏的變法三疏，其第一疏專論教育影響於後來教育頗大，疏謂：

『中國不貧於財而貧於人才，不弱於兵而弱於志氣。人才之貧由於見聞不廣，學業不實；志氣之弱，由於苟安者無履危救亡之遠謀，自足者無發憤好學之果力，保邦致治非人莫由，謹先就育才興學之大端，參考古今，會通文武，籌擬四條：一曰設文武學堂，二曰酌改文科，三曰停罷武科，四曰獎勸遊學……』

（舒新城近代教育史料）

此疏影響於清末學校制度很大，定學制，興學校，都淵源於此。他如袁世凱、陶謨、張謇等無不以變更科舉、與學堂諸事奏請施行。

維新空氣，瀰漫朝野，各省都相繼設立學堂，學校制度、規章之訂頒，勢在必行，所以光緒二十六年（公元一九〇二）七月張百熙奏定學堂章程，奉旨照准。張氏原摺上說：

『古今中外，學術不同，其所以致用之途則一，值智力並爭之世，為富強致治之規，朝廷以更新之故而求之人才，以求才之故而本之學校，則不能不節取歐、美、日本諸邦之成法，以佐我中國二千餘年舊制，……參考列邦，擬定京師大學堂章程並考選入學章程，暨頒發各省之高等學堂、中學堂、小學堂章程各一份。又蒙養學堂爲小學始基，前奉諭旨令各省舉辦，謹再擬蒙學堂章程一份……恭候欽定頒行……』

（舒新城：近代教育史料）

光緒二十八年（公元一九〇二）的奏定學堂章程未及實行，次年閏五月淸廷復命張之洞、榮慶會同張百熙重行釐定，於是有癸卯之制。此制設初高兩等小學堂、中學堂、大學堂、優級師範學堂、初級師範學堂及各種實業學堂，並訂蒙養院及家庭教育章程，以女子教育包括於家庭教育之中。是爲國家明文提到女子教育之始，後來女子教育之建立，卽肇端於此。

變法維新與女子教育　女子教育是變法維新的產物，變法維新乃女子教育的導線。有變法維新，纔效法異國，纔改科舉、設學堂，由設男子學堂，纔提到女子教育，更進而開設女子學堂；這種演變，都發動於維新運動，並不是偶然的事！

維新運動倡導最力的，當推康有爲、梁啓超兩氏；而對於女子教育提倡最早而又最力的，則又推梁啓超。梁氏以爲女子在家庭中佔着重要的地位，無論爲妻爲母，對於男子的成就都是有關係的。光緒二十三年（一八九七）梁氏在他主辦的時務報上發表變法通議三之六女學章，力主興女學。他說：

『居今日之中國而與人言婦學，聞者必曰天下之事，其更急於是者不知凡幾，百舉未興而汲汲論

此，非知本之言也。然吾推極天下積弱之本，則必自婦人不學始。』（時務報卷二十三）

而且，那時教會已正在各地興辦女學，國人竟毫未顧及，實在是中國的恥辱。所以，梁氏又說：

『彼士來遊，憫吾窘溺，倡建義學，求我童蒙，教會所至，女塾接軌。夫人方拯我之窘溺，而吾人乃自加其梏壓，譬猶有子弗鞠，乃仰哺於異室，有田弗芸，乃假手於比耦，匪惟先民之恫，抑亦中國之羞也！甲午受創，漸知興學，學格之議，騰於朝廡，學堂之趾，踵於都會。然中朝大議，弗及庶媛；衿纓良規，靡逮巾幗。非曰力有未逮，未遑暇此瑣屑之事耶？無亦守扶陰抑陽之舊習，昧育才善種之遠圖也。』（近代教育史料）

只顧興設各種男子學校，而絲毫不議及女子，也太漠視女子了。況且，列强之富强，女子教育未始無相當功效。故梁氏又說：

『夫男女平權，美國斯盛；女學布濩，日本以强。興國智民，靡不始此。三代女學之盛，寧有遜於美、日哉？………（同前）』

女子既也有影響於國家的興亡，女學之設，斷不宜緩，因此：

『同志之士，悼心斯弊，糾衆程課，共襄美舉，建堂海上，爲上下倡。區區之學，萬不裨一，獨掌堙河，吾亦知其難矣。然振二千年之頹風，拯二兆人之籲命，力雖孤微，烏可以已。』（同前）

從上面所述看來，變法維新，確爲中國接受西洋文明的開始，亦卽中國民主政治的肇端。女子能在教育上佔一席地，也實爲變法維新所賜予的恩物。所謂「振二千年之頹風，」的自茲始。及後，五四運動雖解放了二千年來桎梏人性的思想，推翻了一切傳統的禮教觀念，樹立起二十世紀的新的文化，使中國思想界發生絕大的撼動；然而若非變法維新爲之先驅，我敢武斷的說，五四運動也許不會產生，卽或有之，也決不會有那樣的效果。所以，我以爲中國若沒有變法維新這一個階段，女子教育恐怕還要遲後十年，也說不定，這或者不是一種强辭罷！

第二節　相夫教子的女子教育觀

女子教育的重要性　女子是『人』，漸漸的轉移了一般人蔑視女子的眼光。男子能擔負社會的重任，難道女子就不能擔負嗎？況且，中國改革新政，廢科舉，開學堂，都是受了外洋學校制度的影響。東西各國，制度上雖各有不同，而女子學校的設立，則到處皆然。

常人都說女子爲家庭組織之基本的一員，在家庭方面說，女子尤重要於男子。俗稱妻曰內助，妻之有助於夫，古已云然。『妻賢夫禍少，』那更可見女子並不是個不關緊要的人。女子要生育兒童，教養之責，又完全負在女子身上。爲母的一舉一動，一言一笑，都有影響於兒童的將來，俗話所謂『吃乳像三分』，又何況保抱提攜，朝夕不離呢！這樣，難怪梁啓超說：

『……然吾推極天下積弱之本，則必自婦人不學始。』

爲什麼『天下積弱』是由於『婦人不學？』這裏，梁氏舉出了幾個理由，第一個理由是『分利之害』

『女子二萬萬全屬分利，而無生利者，惟其不能自養而待養於他人也，故男子以犬馬奴隸畜之，於是婦人極苦，惟婦人待養而不能不養之也，故終歲勤動之所入，不足以贍養其妻孥，故男子亦極苦。』

（時務報卷二十三變法通議）

女子和男子之所以極苦，都是因爲『婦人不能自養』的緣故；『婦人不能自養』乃在於不學。所以要解除男女雙方面的痛苦，唯一的辦法便是興女學。他的第二個理由是婦人無才，丈夫之累：

『「婦人無才卽是德，」此瞀言也，世之瞀儒執此言也，務欲天下女子不識一字，不讀一書，然後爲貞淑之正宗，此實禍天下之道也。……海內之人爲人數萬萬，爲戶數千萬，求其家庭內外相處熙睦，形迹言語，終身無間然者萬不得一焉。……家庭之間，終日不安，入室則愀，靜居斯歎，此其損人靈魂，短人志氣，有非可以常率推者，故雖有豪傑倜儻之士，苟終日引而置之牀第筐篋之側，更歷數歲，則必志量局瑣，才氣消磨，若是乎婦人之果爲鴆而不可近也。夫與其飲鴆而甘之，則盍於瘵鴆之術少留意矣。』

女子無才，使女子變成爲毒鴆，『興女學』便是『瘵鴆』的方術。第三個理由是婦學爲母敎之本

『西人分敎學童之事爲百課，而由母敎者居七十焉。孩提之童，母親於夫，其性情嗜好，惟婦人能因

勢而利導之以故母教善者，其子之成立也易；不善者，其子之成立也難。……故治天下之大本一曰正人心，廣人才；而二者之本，必自蒙養始；蒙養之本，必自母教始；母教之本，必自婦學始。故婦學實天下存亡強弱之大原也。』

母教之於兒童，至爲重大，欲母教完善，必須『興女學，』因爲女學是母教的基本問題。末了，梁氏的第四個理由，是『婦學爲保種的權輿：』

『……今之前識之士，憂天下者，則有三大事：曰保國，曰保種，曰保教。國烏乎保？必使其國強而後能保也；種烏乎保？必使其種進而後能保也；進詐而爲忠，進私而爲公，進渙而爲羣，進愚而爲智，進野而爲文，此其道也。教男子居其半，而男子之半，其導源亦出於婦人，故婦學爲保種之權輿也。』

男子尚且導源於女子，那末，女子教育的重要，自不言而喻了。

女子教育觀　綜觀上面所述的四個理由，我們拿梁氏自己的話來講，便是『上可相夫，下可教子，近可宜家，遠可善種。』歸納起來，可以用『相夫』『教子』兩個概念給牠完全包括，第一和第二兩個理由——女子坐而待養和女子無才，都爲丈夫之累，是要教女子成爲一個賢妻，換言之，要使女子有『相夫』的能力；第三和第四兩個理由——婦學爲母教基本和保種權輿，乃在於教女子成爲一個良母，換言之，使女子有『教子』的能力。『相夫教子，』便是這個時期的女子教育的思想或目標。

我們再看梁氏於同年發表的創議設立女學堂啓，更可證明當時之『相夫教子』的女子教育觀了。他說：

『上可相夫，下可教子，近可宜家，遠可善種。婦道既昌，千室良善，豈不然哉？是以三百五篇之訓，勤勤於母儀；七十後學之記，睠睠於胎教。宮中宗室，古經厘其規綱；德言容工，昏儀程其課目。必待傅姆，陽秋之賢伯姬；言告師氏，周南之歌淑女。』（近代教育史料）

這就是說女子要受教育，纔能『相夫』『教子』『宜家』『善種』；若視女子爲無足輕重，不給以應受的教育，那末女子便成爲無知無業的蠢蟲了。女子既也有影響於國家興亡，所以梁氏接着又說：

『聖人之教，男女平等，施教勸學，匪有歧矣。去聖彌遠，古義浸墜，勿道學問，惟議酒食。等此同類之體，智男而愚婦；猶是天倫之愛，戚子而膜女。悠悠千年，芸芸億室，曾不一事生人之業，一被古聖之教，寧惟不業不教而已，且又戕其身體，蔀其耳目，黜其聰慧，絕其學業，閨闥禁錮，例俗束縛，惰爲游民，頑若土番。烏乎！萃二萬萬之游民土番，國幾何而不敝也？』

女子無知，『求其家庭內外相處熙睦』就非常困難，而做丈夫的也因此『損靈魂』『短志氣』，不能充分發展其志量才氣；無業，則『不一事生人之業』，更足爲丈夫之累。女子無知無業，總起來講，她不能爲良妻，不能『相夫』。

女子除掉『相夫，』她的職責便在於育兒所謂『懃懃於母儀，』『踡踡於胎教，』就是要女子做一個好的母親所以他又說：

『……復前代之遺規，採泰西之美制，儀先聖之明訓，急保種之遠謀。……仁而種族，私而孫子……』

這就是說興女學可以使女子爲賢母，可以『教子。』

此外，林紓在福建聽到上海興女學的消息，作閩中新樂府中有興女學一首，也贊成『相夫教子』的女子教育他說：

『興女學，興女學，羣賢海上眞先覺。華人輕女患識字，家常但責油鹽事。夾幕重簾院落深，長年禁錮昏神智。神智昏來足又纏，生男却望全先天。父氣母氣本齊一，母苟蠢頑靈氣失。胎教之言人不知，兒成無怪爲書癡。陶母歐母世何有，千世一二掛人口。果立女學相觀摩，中西文字同切磋。學成即勿與外事，相夫教子得已多。西官以才領右職，典籤多出夫人力。不似吾華愛牝雞，內人牽掣成貪墨。華人數金便從師，師因常無在館時。丈夫豈能課幼子，母心精細疏條理。父母恩齊教亦齊，成材容易駸駸起。母明大義念國仇，朝暮語兒懷心頭。兒成便蓄報國志，四萬萬人同作氣。女學之興係匪輕，興亞之事當其成。興女學，興女學，海上羣賢眞先覺。』

興女學，可使男子不致『牽掣成貪墨，』可使女子能『課幼子。』『相夫教子得已多，』這就是女子教育所要達到的鵠的。

再看蒙養家教合一章上說的：

『……所謂教者，教以爲女爲婦爲母之道也。……故女子祇可於家庭教之，……足以持家教子而已。……』

雖當時以爲女子不宜『結隊入學，』然女子之宜受教，已爲當局者所承認了。爲什麼要教？因爲要女子『持家教子。』所謂『持家，』就是教女子做個賢良的『內助，』換言之就是『相夫。』

所以，在女子教育萌芽時期一般人對於女子教育的觀念都是在於養成女子之『相夫教子』的能力。能『相夫，』那就是良妻；能『教子，』那就是賢母。我們說牠是良妻賢母主義的女子教育觀，也未爲不可。總之，『相夫教子』的女子教育觀或良妻賢母主義的女子教育觀之在當時，確已成爲一般社會先覺者的共同思想了。

第三節　家庭教育中的女子教育

女子的家庭教育　女子教育的重要，雖已爲一般社會先覺者所確認和鼓吹；而在政府當局，總覺得教女子從『夾幕重簾院落深』的閨閫走到學校裏去，終究有些不大像樣。所以，光緒二十八年（公元一九〇二）張百熙的奏定學堂章程竟無一字提及女子教育。

但女子教育的重要性，並不因政府當局的忽視而稍減。況且，教會之在中國設立女校，為數很多。難道我們自己定要忽視到底嗎？在事實上，大勢已經走到『女子要學』的這條路上去，抑制是不可能的事。這樣，光緒二十九年（公元一九〇三）張之洞、榮慶改訂學堂章程，纔勉勉强强的把女子教育包括到家庭教育之中，訂立所謂蒙養院章程及家庭教育法章程。這次雖沒有訂定專章，却也是國家明文規定女子教育的肇端。

當時，為什麼不設立女子學校呢？我們看蒙養家教合一章所說的：

『中國此時情形，若設女學，其間流弊甚多，斷不相宜……』

『三代以來，女子亦皆有教，備見經典。所謂教者，教以為女為婦為母之道也。惟中國男女之辨甚謹，少年女子，斷不宜令其結隊入學，遊行街市，且不宜多讀西書，致開自行擇配之漸，長蔑視父母夫壻之風。』

因為要鞏固男女隔離的牆壁，女子入學『斷不相宜。』入了學，讀了西書，女子便會『自行擇配，』不聽『父母之命，媒妁之言』的；更會『蔑視父母夫壻，』背叛三從四德的金科玉律，那末，先王之聖教安在？但在另一面，女子又不可不學，因此便訂出了補救的辦法：

『故女子祇可於家庭敎之，或受母敎，或受保姆之敎，令其能識應用之文字，通解家庭應用之書算物理，及婦職應盡之道，女工應爲之事，足以持家敎子而已。其無益文詞，概不必敎；其干預外事，妄發關係重大之議論，更不可敎。故女學無弊者，惟有家庭敎育。女學原不僅保育幼兒一事，而此一事爲尤要。使全國女子無學，則母敎必不能善，幼兒身體斷不能强，氣質習染斷不能美。蒙養通乎聖功，實爲國民敎育之第一基址。』

女子之所以要敎，就是要使她們『足以持家敎子而已，』其任務也僅僅是『持家敎子而已。』所以，『女子只可於家庭敎之。』

女子，應該敎她們些什麼？

『惟有刊布女子敎科書之一法，應令各省學堂（按指男學堂）將孝經、四書（按指女孝經、女四書）、列女傳、女誡、女訓及敎女遺規等書，擇其最切要而極明顯者，分別次序淺深，明白解說，編成一書，並附以圖，至多不過兩卷，每家散給一本；並選取外國家庭敎育之書，擇其平正簡易，與中國婦道婦職不相悖者（原註若日本下田歌子所著家政之書），廣爲刊布，其書卷帙甚少，亦宜家置一編。此外如初等小學堂課本及小學前兩年之各種敎科書，語甚淺顯，地方官宜廣爲刊布。』

怎樣敎學呢？

『婦人之識字者卽可自看自解以供自教其子女之用其不識字不能自行觀覽者或由其夫或請旁人爲之講說有子者母自教其子，以爲入初等小學之基；有女者母自教其女，以知將來爲人婦爲人母之道。是爲人母者，皆自行其教育於家庭之中。母不能教者，或雇保姆以教之。』（以上所引俱見大淸光緒新法令第七類教育二）

家庭師資訓練機關　家庭教育，原則上，做母親的要自教其子女。母親不能教的，也可以雇保姆來教。保姆從什麼地方養成的呢？保姆的訓練有兩個機關：

（一）育嬰堂附設的蒙養院　育嬰堂各地皆有，就原有規模，加以擴充。乳媼的數目，據規定：省城育嬰堂至少在五十人以上，各府縣城的至少在三十人以上。在育嬰堂內劃出一院，作爲蒙養院，講習敎導幼兒的知識和技能，以爲充當乳媼及保姆的準備。教材由官家將保育教導要旨及條目（見原章程）和官編女教科書、家庭教育書刊印多本，頒發各育嬰堂令其自相傳習。講授的人，擇其中識字的乳媼充之，每月優給工資；如乳媼中無識字者，可以專雇一年紀較大的老婦人入堂按照書本講授。當地的貧窮女子，預備將來做乳媼、保姆以爲謀生之計的，也可入堂隨衆學習，但不得超過三十人。蒙養院並收受當地附近三歲至七歲的兒童，施以蒙養教育，以便院中學習保姆者的實習。該院講習期限一年，期滿發給『蒙養院學過保姆憑單，』自營生業。

（二）敬節堂附設的蒙養院　敬節堂蒙養院的一切設施，節婦額數、教材、教習等均和育嬰堂相同；當地貧婦也可入堂學習；學習一年期滿，也都發給憑單，有充當家庭保姆的資格。所不同的，敬節堂內『癃老已甚或志在清靜寂處，不擬自謀生計』的節婦，不願來聽講授者，可聽其自便。

從上面兩個師資機關訓練出來的保姆，有了『蒙養院學過保姆憑單』，便可充當私家保姆，教導兒童，擔負家庭教育的責任。男子受了家庭教育之後，可以入初等小學以至於大學；女子則只止於家庭教育，初等小學以上的教育，女子是沒分的。

蒙養院之訓練保姆，與今日師範學校之訓練師範生，正復相同。我們說蒙養院是女子師範學校的前身，也不爲無故。當時之所以不設立女子師範學校，乃是因爲『中國此時情形，若設女學，其間流弊甚多，斷不相宜。』因此，只好就已有的育嬰堂和敬節堂附設蒙養院，訓練擔任蒙養教育的保姆了。

『外國女師範學堂，例置保姆講習科以教成之。中國因無女師範生，故於育嬰敬節兩堂內附設蒙養院，所學雖然較淺，然其中緊要理法已得大要……』（蒙養家教合一見光緒新法令）

由此，更可見蒙養院訓練保姆，即所以替代外國女師範學堂的保姆講習科，亦即類似於今日之幼稚師範學校或幼稚師範科。不過，當時所謂『保姆』地位甚低，蒙養家教合一章所說『所學雖然較淺，……已遠勝於尋常之女傭』，已可知保姆與女傭實不相上下了。

第四節　教會及國人私辦的女子教育

中國女子學校之設，始於教會，繼而國人也漸有私立。這些教會和國人私辦的女子學校，便打開了中國女子教育的一條血路。在這一節裏，我們就要簡略地敍述學制成立前關於這一類私辦的女子教育。

教會女校　距今九十年前，教會的第一所女校就在中國出現。那時當鴉片戰爭之後，開五埠爲通商口岸，教會勢力伸張到國內各地，外人之來我國者日見增多。道光二十二年（公元一八四二）東方女子教育協進社（Society for Promoting Female Education in the East）社員靄爾特稅女士（Miss Aldersey）到寧波，二十四年（公元一八四四）在寧波創設了一座女校，那就是中國的第一所女子學校。稍後，道光二十七年到咸豐十年（公元一八四七——一八六〇）之間，通商五口教會又創設女子學校十一所。同治三年（公元一八六四），英國教會又在北京天津兩處各設了一所女校。當時，民氣未開，女學之設尚屬創舉，自然因陋就簡，談不上什麼成績。

光緒七年（公元一八八一）聖瑪利亞女學創辦成立；十年（公元一八八四）美以美會在鎭江實蓋山創辦鎭江女塾；十八年（公元一八九二）上海設中西女塾；稍後又設淸心女學。甲午以後，教會設立的女子學校更加增多了。

教會女校，到光緒以後，規模漸具。這裏且舉當時一兩個女校的規章和課程，以爲例證：

鎭江女塾章程

一、本塾專教女生，無論年齡大小，只須願守塾規，皆可來學，但幼學之功最切，年小較宜。

一、女生來塾肄業，皆須覓有妥保，塡寫關書爲據。

一、住塾女生，就近有無親友照料，父母外指定何人來領，皆須塡明關書。如非指定來領之人，只可入塾探望，不得擅將該生領出。

一、本塾每日八點鐘進塾……暇時備有玩具，俾各歡心，惟不准出大門以及門外觀望等情。每禮拜六日放學，做一切雜事，以及學習鍼黹。每禮拜日進堂聽道，讀聖日課。……

一、塾中各項課程由教習隨時酌派班次，每日按定時刻學習。

一、平時不宜輕易作輟，如家中果有正事，須由該生父母或曾經指定來領之人領去，並訂定假期，不得逾限，尋常小學概不給假。

一、住館學生每日一粥兩飯，每飯一葷一素，衣服自洗。

一、西書、紙簿、墨筆、石筆、墨水等物，均由塾代買，收回價値。

一、學生衣衫皆當整潔，褂褲略須多備，以便勤於更換，白手巾至少三條。塾中所用衣物，皆須各做記認，以免彼此淆亂；惟傢伙木器，不可攜來。

一、西國通例，塾中課程皆分年派定，讀全考取，給以文憑

一、西學課程，按照十二年之期，分列如下（見後）學生果具兼人之量，由教習核定，併讀兩班或升班時越過一班；其質地不佳，考課時分數在六十分以下者，不得隨班上升，仍隨後班從頭讀起。（林樂和著任保羅譯：五大洲女俗通考第十集下卷四一——四二頁）

中西女塾章程，大抵和鎮江女塾相同。茲擇其不同者錄之如下：

一、本塾……惟八歲以下不收，已滿十三歲者必須住館，其十三歲以下者，住館與否聽便可也。

一、住館學生……洗衣服役有人，不須該生親自勞動，亦無分文外費，以歸簡淨。

一、學生鋪陳，皆須照本塾式樣名目新製全套，專留塾中應用，直至不再入塾，方可攜歸。其式樣名目開列如下，若能親自來塾閱看一過，更妙。（鋪陳名目式樣從略）

一、余等崇奉耶穌聖教，必以眞理勸人，故每日早晚與禮拜日，須敬拜造化天地之主宰，以及誦讀聖書等事，至進教與否，全憑各人自主。

（前書同卷四三——四五頁）

鎮江女塾各年功課簡表

第一年　聖經、蒙學捷徑初編上、算法（一至十或至百）、地理口傳、游藝、分字略解、花夜記、詩歌、體操。

第二年　聖經、蒙學捷徑初編（下）、算法（一至百）、全體入門問答、分字略解、眞理便讀、三字經、百家姓、游藝、讀故事書（地球風俗、訓兒眞言、識字初階）、詩歌、體操。

第三年　聖經、蒙學捷徑二編（上下）、心算初學上、地理初階、官話問答、三字經、植物動物淺說第一本、讀故事書（亨利實錄、蒙學淺說、安樂家）、英文、詩歌、體操。

第四年　聖經、蒙學課本首集、心算初學（下）、數學（上半）、蒙學地理、孩童衞生、植物口傳、動物淺說第二本、千字文、三教問答、泰西通俗演義、英文、寫字、詩歌、體操。

第五年　聖經、蒙學課本（二集）、數學一（下半）、幼童衞生（下半）、植物圖說（春天）、動物新編（秋天）、四書易知摘要、讀故事書（天路歷程）、英文、寫字、詩歌、體操。

第六年　聖經蒙學課本三編數學中（上半）、植物圖說（春天）、動物新編（秋天）、背講四書摘要（下半）、讀故事書（女訓喻說、郭娜喜傳）、英文、寫字、詩歌、體操。

第七年　聖經蒙學課本四編數學（下半）、地理志植物學（春天、動物（百獸圖說秋天）、幼學摘講、詩經、讀教士列傳、尺牘、作論、英文、寫字、詩歌、體操。

第八年　聖經、數學三（下）、地勢略解聖教史記（一時際）、植物學（春天）、動物（百鳥圖說秋天）、背講左傳摘要上大美國史記、尺牘、作論、英文、寫字、詩歌、體操。

第九年　聖經、代數備旨、聖教史記（二三時際）、地學指略、左傳指略、左傳摘要（下）、耶穌聖教復初、尺牘、英文、寫字、詩歌、體操。

第十年　聖經代數備旨形學天道溯源背講古文萬國通史（上半）、尺牘、策論、英文、寫字、詩歌、體操。

第十一年　聖經、形學、萬國通鑑（上半）、天文略解、格物入門（上半）、東萊博議、萬國通史（下半）、尺牘、策論、英文、寫字、詩歌、體操。

第十二年　聖經萬國通鑑（下半）、格物入門（下半）、性學舉隅、泰西新史、尺牘、策論、英文、寫字、詩歌、體操。（前書同卷四二——四三頁）

在數量方面，據光緒二十八年（公元一九〇二）統計，我國女子受教會學校教育者有四千餘人之多，其詳見下表：（據前書同集）

學校類別	學校數目	學生總數	女生數
書院	一二	一、八一四	九六
天道院	六六	一、三一五	五四三

高中等學堂	一六六	六、三九三	三、五〇九
工藝學堂	七	一九一	九六
醫學堂及服事病人院	三〇	二五一	三二
小孩察物學堂	六	一九四	九七
初等蒙學堂	未詳	未詳	未詳
總計		一〇、一五八	四、三七三

教會學校的女生數，除初等蒙學堂不計外，共有四千三百七十三人，占學生總數百分之四十三强。由此，可見教會之對於女子教育的重視和及於中國的影響了。

不過，我們要明白這一點，教會之來中國設立學校，其目的並非為了什麼文化，主要的任務却在於傳教，設學校只是傳教的一種工具或手段而已。所以，聖經一類含有宗教意味的科目，在整個課程中占着極重要的地位。但是，他們——教會——做了我國女子教育的先驅，給予國人以相當刺激，為中國女子教育闢開一條路徑，這功績也是應該感謝的。

國人私立的女校　鴉片、甲午等役以後，國人咸覺非普及教育不足以振國威而湔國恥。於是興學之議，騰於朝野。女子教育，一面因於國人對於教育的重視，一面鑒於教會女校的擴張，遂由提倡而漸有私校的創立。

第一所國人自辦的女學，要算光緒二十三年（公元一八九七）經元善在上海龍華附近創辦的經氏女學。當時常、錫、蘇、滬各地負笈來學者爲數甚衆。後因戊戌政變，經氏以鼓吹維新見忌於當道，該校遂因之停辦。同時，梁啓超、康廣仁也曾在上海設立女子學堂，旋亦受戊戌政變影響而停辦。

光緒二十七年（公元一九〇一）吳懷疚捐資在上海西門生生里創辦務本女學，揭良妻賢母主義，招收師範中學兩科學生，成績頗有可觀。

同年，蔡元培等又在上海創辦愛國女學，以提倡女權爲宗旨。來學學生，多注意於文、藝兩科，對於中國女權思想之提高，該校頗與有力。

二十八年（公元一九〇二）顧實、何承燾等在常州創辦爭存女子學堂。次年，胡和梅創辦胡氏女子小學於無錫。又次年，燕湖女子公學成立；閩人沈琬慶創辦旅寧第一女學於南京。

三十一年（公元一九〇五），侯鴻鑑等在無錫創辦競志女學，分師範、中學、小學三部，以勞苦教育主義爲施教宗旨。同時，馮敬人創蘇蘇女學於蘇州，主旨與競志略同。

三十二年（公元一九〇六），劉翊宸莊蘊寬創粹化女學於常州；呂惠如女士創辦江南女子公學於南京。次年，楊玉如女士於無錫辦翼中女學；謝長遠女士於蘇州辦振華女學；張炳生於同地辦大同女學；黃守恆昆仲於嘉定辦女子普通學堂。

三十三年（公元一九〇七）以後，女子師範學堂章程及女子小學堂章程既經公布，公私立的女子學校，益有增加差不多全國各大城中都有女子學校的設置了。

第三章　中國現代女子教育建立時期

第一節　兩性雙軌制的女子教育之建立

中國自鴉片戰爭以後，鑒於舊有文明的不足恃，乃漸有接受西方文明，革興教育的趨向。迨經甲午之役，中國慘敗，更引起國人對於教育的重視。光緒二十七年（公元一九〇一）清政府下令改書院為學堂，書院之在省城者，改設高等學堂；在各府及直隸州者，改設中學堂；在各州縣者，改設小學堂。二十八年（公元一九〇二）頒布奏定學堂章程，即所謂壬寅學制，為中國施行新教育的第一次學校系統。二十九年（公元一九〇三）更定章程，以女子教育包括於家庭教育之中，對於女子教育也漸知注意。三十一年（公元一九〇五）學部成立。三十三年（公元一九〇七）正月，學部奏定女子師範學堂章程三十九條，女子小學堂章程二十六條，是為中國女子教育正式列入學校系統之始，這是值得紀念的事。

在未敍述本期的女子教育制度之前，先介紹兩種關於女子教育的意見，也許能幫助我們對於本期制度的了解。

平等教育的主張　前章曾說過在嘉、道之間有位提倡男女平等的俞正燮，出而反對桎梏女子人性的舊禮教。後俞氏六、七十年（光緒二十九年）江蘇金一著女界鐘，對女權思想，更有透澈深刻的議論在帝王專制和禮教根深蒂固的舊社會下，有這等極其銳敏的眼光，甘冒不韙的膽量，直令人欽佩！

金一覺得女子生來和男子有同等的求知慾的他說：

『道德智識，乃天賦此身以俱來，無男女一也。』（原書頁六）

而女子之所以無知無識，乃是隔絕太甚之所致，並不是天生地造的。所以，他又說：

『中國女子尊嚴如帝王，而卑屈不異於囚虜，居恆不得望見顏色；至於權力圈限，去筐筥數十步即不敢聞問，出門半里，了不辨方向，世間普通情事，說之猶多茫昧：此非其生而愚也，金閨深邃，繡闥寂寥，內言不出，外言不入，別嫌明微，而智識之隔絕者多矣。』（原書頁二十一）

女子，她天賦的是有人格的人，男子不應蔑視女子的人格。國家社會的責任，男女國民應該共同擔負，故在當時專制政體之下，他主張女子應從事於革命、參政。他說：

『女子亦知中國為專制君主之國乎？夫專制之國無女權，女子所隱恫也；然二十世紀無專制國，亦女子所飫聞也。夫議政者，固肩有監督政府與組織政府之兩大職任者也。然而希監督政府而不得，則何妨退而為要求；願組織政府而無才，則不妨先之以破壞。要求而紹介，則吾男子應盡之義務也；破壞而建設，乃吾男子與女子共和之義務也。』（原書頁六五）

革命和參政是女子對於國家的義務；在權利方面，如入學、交友、營業、掌握財產、出入自由、婚姻自由等權利，女子也應當恢復。而恢復權利的先決條件，乃在於從平等的教育中獲得平等的知識和能力。所以，他痛駡當時的教育爲奴隸的教育，『女子者奴隸之奴也，並奴隸之敎育亦不聞。』他更反對偏枯於男子的敎育。他說：

『敎育者造國民之器械也。女子與男子，各居國民之半部分，是敎育當普及，吾未聞有偏枯之敎育而國不受其病者也。身體亦然，其左部不仁，則右部亦隨而廢。敎育者，又精神之庫也，無精神之敎育，是禁人之食穀麥而雜堆雀鼠以爲糧者也。』（原書頁三六）

女子應該受敎育，那末，女子敎育的目的何在？換言之，女子敎育要養成怎樣的女子？他以爲：

一、敎成高尙純潔，完全天賦之人；

二、敎成擺脫壓制，自由自在之人；

三、敎成思想發達，且有男性之人；

四、敎成改造風氣，女界先覺之人；

五、敎成體質强壯，誕育健兒之人；

六、敎成德性純粹，模範國民之人；

七、教成熱心公德，悲憫衆生之人；

八、教成堅貞節烈，提倡革命之人。

他的這種女子教育目標，就是要使女子從舊的鐐銬的家庭跳到新的社會裏去，做一個有人格有個性的人去改造社會，救國救民。

當然，這種新的思潮，在那樣舊的社會中，是立不住足的，反動思想的攻擊，自所難免。如方言學堂倫理講義（陳曾壽著）裏有這樣一段痛駡倡導女權者的話：

『有賤丈夫焉，昧乎男子治外之大義，自棄其天職，昌言女權，充其類，必使女子治外而後已。舉重遠之任而付之於慮近思甚之人，不知其不可而爲之則不智；以孱弱之族而託之以艱大宏濟之事，教猱升木而不顧其後則不仁；自不能盡其保衞生人之義務，而反欲求庇於婦人之手則無恥。充斯道也，男子棄其治外之天職，而國事廢；女子荒其治內之天職，而家道亦廢。剛柔失德而人道乖，內外易位而禮義壞。……

……』

兩性雙軌制的先聲　在帝王專制時代，新舊思想衝突起來，自然是後者戰勝前者。帝王需要的是順民、奴隸，半部分的男子已經壓制不了，那裏還能容許女子起來。所以『男子治外，女子治內』的思想，仍有其巍然存在的勢力。在當時，一般人雖也看到女子教育的不可稍緩，但其着重點，不在於教女子成爲社會上的一個完人，而是在於養成女子之『爲妻而能相夫，爲母而能訓子』的能力。換言之，就是教女子做一個主中饋的賢良婦人，使『男子治外』無內顧之憂，無『廢家道』之慮。女子教育，既在培養『爲妻而能相夫，爲母而能訓子』的能力，那末牠當然是不同於男子的，牠自有其特殊的性質。這種思想，和前面說的金一的平等教育主張，完全相反。我們從下面的事例中便可看到這種思想的梗概，

光緒三十二年（公元一九〇六）工部主事劉搢呈學部代奏學務要端摺中有一條論『嚴防女學堂流弊』。他說

『各國習尙，尙有爲我急宜師仿者，婦人女子悉受教育是也；有爲我急宜防禁者，男女無別，自由擇配是也。自世變日急，救世之士以西學相揭櫫，其偏宕者遂不暇審吾民程度之高下，與中外禮俗之異同，欲捐棄古先一切防維，以自同於歐化，於是男女平權之說日漸流播。且有謂女子守貞爲迂，失節爲達，公然著書行世者，此誠詟說妖言，蠱人心而敗風俗者也！中國女學，今始萌芽，弊端已見。放縱不檢爲女界之玷者，各報所紀，已屢見不一見矣。然使因噎廢食，擯二萬萬女子於學界以外，將來幼稚園及家庭教育，無人擔任，卽各學堂之基礎，無由建立，是築室而自毀其址也。』

這裏所謂『捐棄一切防維，……公然著書行世，』當然也是指女界鐘一類的書而言，他認爲這都是些『詟說妖言』，足釀成女學的弊端。女學既不能因噎廢食，那末，應該怎樣辦呢？他接着又說：

『竊以爲今日之中國女學斷不可不設流弊亦斷不可不防。防之奈何

一、編課本　女學以能解用之文字、算術及應盡之婦職，應習之女工爲度，原不必與男子受同等之敎育，宜參酌小學堂課程，另編課本，修身一門宜蒐輯名媛貞德淑行，藉作楷模，用資觀勸。

二、擇敎習　必資性純淑，向無瑕玷者，方得選充師範。否則，雖外國文及各科學已造精深，亦不延聘。

三、嚴規則　以男女有別爲主義，敎習、監學、供役人等，悉用女子，如必須用男人任事，應劃定茅蕝，內外秩然。學生中有演述男女平權諸謬說及沾染惡習者立卽斥退。如此，則於興學宏敎之中，仍寓杜漸防微之意。……』（光緒三十二年南洋官報五四册）

這一個『學務要端』的意見，便是次年奏定女學堂章程的先聲，也就是兩性雙軌制的女子敎育之建立的由來。

兩性雙軌制的確立　光緒三十三年（公元一九〇七）正月二十四日，學部奏定女學堂章程，兩性雙軌制的女子敎育便正式確立其奏摺上說

『竊中國女學，本於經訓，故周南召南，首言文王后妃之德，一時諸侯夫人大夫妻，莫不恪秉后妃之敎，風化所被，普及民間，江漢諸篇，言之尤備。孔子曰：人而不爲周南召南，其猶正牆面而立也與！蓋言王化始於治家，倘使女敎不立，婦德不修，則是有妻而不能相夫，有母而不能訓子，家庭之敎不講，蒙養之本不

端，教育所關，實非淺鮮，此先聖先王化民成俗所由，必以婦學爲先務也。方今朝廷銳意興學，並采日本歐美規則。京外臣工條奏請辦女學堂者不止一人、一次，而主張緩辦者亦復有人。臣等每念中外禮俗各異，利弊務宜兼權。自欽派學務大臣以至設學部以來，歷經往復籌商，亦復審愼遲回，未敢輕於一試，故前年奏定學堂章程，將女學歸入家庭教育法，以爲先時之籌備。上年明定官制，將女學列入職掌，以待後日之推行。惟近日臣等詳徵古籍，博訪通人，益知開辦女學在時政固爲必要之圖，在古制亦實有脗合之據。且近來京外官商士民創立女學堂所在多有，臣等職任攸關，若不預定章程，則實事求是者既苦於無所率循；而徒騖虛名者，或不免轉滋流弊。臣等用是夙夜思維，悉心商酌，謹擬女子師範學堂章程三十九條，女子小學堂章程二十六條。凡東西各國成法有合乎中國禮俗，裨於教育實際者則仿之；其於禮俗實不相宜者則罷之；不能遽行者則姑緩之。現在京外各地方如一時女教習難得不能開辦者，務須遵照前章實行家庭教育之法，以資補助。其已開辦各女學堂務須遵照此次奏定章程，以示準繩。倘有不守定章，漸滋流弊者，管理學務人員及地方官均當實力糾正。總以啓發知識保存禮教兩不相妨爲宗旨……』（大清光緒新法令第七類教育三）

再看女子師範學堂章程教育總要第一項說的：

『中國女德歷代崇重，凡爲女爲婦爲母之道，徵諸經典史冊，先儒著述，歷歷可據。今教女子師範生，首宜注重於此，務時勉以貞靜、順良、慈淑、端儉諸美德，總期不背中國向來之禮教與懿孄之風俗；其一切放縱自由之僻說（如不謹男女之辨及自行擇配，或爲政治上之集會等事）務須嚴切屏除，以維風化。（中國男子間有視女子太卑賤，或待之失平允者，此亦一弊風。但須於男子教育中注意糾正改良之，至於女子之對父母夫壻，總以服從爲主。）』

教育總要第二項又說：

『家國關係，至爲密切，故家政修明，國風自然昌盛，而修明家政首在女子普受教育，知守禮法。又女子教育爲國民教育之根基，故凡學堂教育，必有最良善之家庭教育，以爲補助，始臻完善，而欲家庭教育之良善，端賴賢母，欲求賢母，須有完全之女學。凡爲女子師範教習者，務於此旨體認眞切，教導不怠。』（同前）

從上面所引的話看來我們知道當時雖也看重女子教育，而這種教育只是教女子『知守禮法，』做更服從的妻女更賢良的母親教她們遵守數千年來載諸『經典史冊，先儒著述』的『向來之禮教與懿孄之風俗；』教她們好生教養我們未來的男子（童蒙）好生相助自己的丈夫。至於國家社會的事，用不着女子過問，女子是家庭以內的人，家庭以外的事，自有父親管着，丈夫管着，兒子管着。甚至連自身的婚姻，也得聽從『父母之命，媒妁之言，』而不能有所主張。男子虐待女子，女子也只好忍受，只好馴羊似的服從着，至多在男子教育方面矯正點好了。如果女子眞要管國家閑事，管婚姻大事，那就是『牝雞司晨，』違背禮教，政府得『嚴切屏除，以維風化。』

這種教育絕異於男子——『不必與男子受同等之教育，』所以在男子教育之外，另立了一條教育軌，專爲女子而設的教育軌。

女子教育的最大目標，既在『爲妻而能相夫，爲母而能訓子，』總之，在於養成家庭中一個賢良的主婦，自然用不着什麼高深的學問和專門的技術。所以，在這一條專爲女子而設的教育軌上，僅僅規定了八年的小學教育和四年的師範教育。至若其他爲男子所享有的中學、實業、專門及大學等教育，女子都毫無一點分！

在這次奏定的兩性雙軌制的女學堂章程中，有四點最可注意

(一)女子的最高教育機關是女子師範學堂，當局既不設女子中學，女子大學更不必說！

(二)女子無中學、實業等學堂的設置；

(三)女子小學堂與女子師範學堂，較之男子小學堂與師範學堂，各少一年；

(四)男女教育，完全分辨。

後面是就當時所定章程而製的兩性雙軌制學校系統圖，讀者可更易明白當時的學校制度（見下

圖。）

兩性雙軌制系統圖

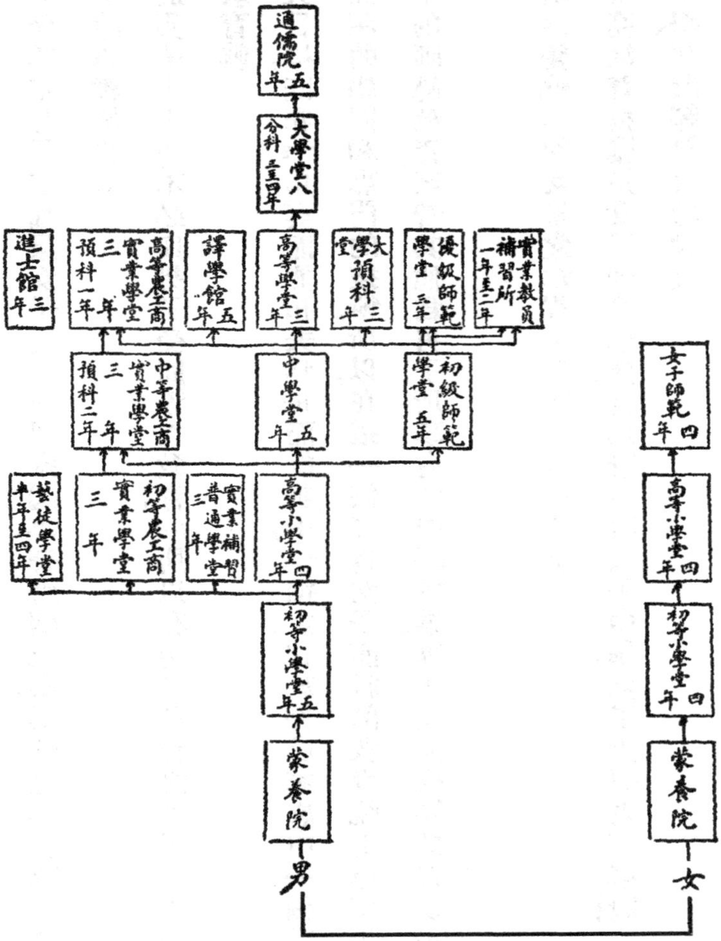

第二節　女子師範學堂和女子小學堂概況

光緒三十三年（公元一九〇七）既經頒定女子師範學堂章程及女子小學堂章程，實際上當時女子小學堂固多設立，而女子師範學堂則設者尚少。次年三月，御史黃瑞麟奏請設立女子師範學堂，原摺上說：

『女學爲教育根本，亟宜明示準繩。現在各省官立女子師範學堂均未開辦，而民間私立者亦寥寥無幾，擬請飭下學部先於京師由官設立女子師範學堂，以爲提倡。並由該部轉飭各省提學使按照定章於省城府城從速設立女子師範學堂一所，以爲振興女學之地……』

摺上，交學部議奏。旋學部奏覆請設京師女子師範學堂，是年六月初四日奉旨依議。學部乃派翰林院編修傅增湘爲監督，先行開辦簡易師範科兩班，兩年畢業，以備各省開辦女子小學堂敎習之用。同時，學部並咨明各省督撫督同提學使體察地方情形，按照定章，酌量設立女子師範學堂。因此湖北、江西、江蘇、浙江等省，都先後籌設。

在這一節裏，爲明瞭當時女子教育實際情形起見，特述女子師範學堂和女子小學堂之概況。

一　女子師範學堂

女子師範教育宗旨　女子師範學堂，『以養成女子小學堂敎習並講習保育幼兒方法期於補助家計有益家庭敎育爲宗旨』（女師學堂章程）很明顯的，我們知道女子師範學堂有直接的目的和間接的目的，直接的目的在於培養師資和講授保幼方法。爲什麼要培養師資？——爲的要『補助家計；』爲什麼要講授保幼方法?——爲的要『有益於家庭教育』前者可謂之爲『相夫』後者可謂之爲『教子』『補助家計』或『相夫』『有益於家庭教育』或『教子』便是女子師範學堂的間接目的——也就是牠最後的目的。

行政及組織　照奏定章程所定每州縣應設立女子師範學堂一所惟當初辦時先在省城及府城籌設這是官立的但也准許私人設立女子師範學堂修業年限爲四年招收女子高等小學堂畢業年在十五歲以上的學生但『須取身家清白品行端淑身體健全且有切實公正紳民及家族爲之保證方收入學』當時開辦的簡易師範科則爲兩年畢業入學資格只須身家清白德性純淑文學清順年在二十歲以上三十歲以下(北洋女師定爲四十以下)者都可合格學堂設監督教習副教習監學總理書記庶務等員自監督至監學『均以品端學優於教育確有經驗之婦人充之』總理書記庶務則以『篤行端品究心學務年在五十以上之男子充之』此外並設附屬小學堂及蒙養院以便師範生實習之用附屬小學堂設堂長蒙養院設院長均以教習兼充。

女子師範課程　女子師範學堂課程有修身、教育、國文、歷史、地理、算學、格致、圖畫、家事、裁縫、手藝、音樂、體操等十三科(音樂如學生中有學習困難者可免課)教學時間每年四十五週每週三十四小時其分配情形如下表:

女子師範學堂各科每週教授時間表

學科＼學年及時數	第一年	第二年	第三年	第四年
修身	二	二	二	二
教育	三	三	三	十五
國文	四	四	四	—
歷史	二	二	二	—
地理	二	二	二	—
算學	四	四	三	二
格致	二	二	二	二
圖畫	二	二	二	一
家事	二	二	二	二
裁縫	四	四	四	三
手藝	四	四	四	三
音樂	一	一	二	二
體操	二	二	二	二
合計	三四	三四	三四	三四

課程內容從各學科要旨程度中摘錄一、二，以示梗概：

『一、修身——其要旨在涵養女子之德性，期於實踐躬行，其教課程度，首宜徵引嘉言懿行，就生徒日用常習之故示以道德之要領；次教以言容動作諸禮儀；次教以修己治家及對於倫類國家當盡之責任；次授以教授修身之次序法則。 凡教修身之課本務根據經訓，並薈萃列女傳、女誡、女訓、女孝經、家範、內訓、閨範、溫氏母訓、女教經傳通纂、教女遺規、女學、婦學等書，及外國女子修身書之不悖中國風教者，擷其精要，融會編成，且須分別淺深次序，附圖解說，令其易於明曉。

一、教育——其要旨在使理會女子小學堂教育、蒙養院保育及家庭教育之旨趣、法則，並修養為教育者之精神。其教課程度，先教以教育原理，使知心理學之大要及男性女性之別，並使明解德育智育體育之理；次教以家庭教育之法；次教以蒙養院保育之法；次教以小學堂一切教授、管理、訓練之法，並使知家庭教育與學堂教育之關係，及家庭教育與國家之關係；次使於附屬女子小學堂及蒙養院實地練習教授生徒及保育幼兒之法則。

一、家事——其要旨在使能得整理家事之要領，兼養成其尚勤勉、務節儉、重秩序、喜周密、愛清潔之德性。其教課程度，授衣食居處、看病、育兒、家計簿記及關於整理家政之一切事項，並授以教授家事之次序法則。

一、裁縫——其要旨在使習得關於裁縫之知識技能，兼使之節約利用。其教課程度，授普通衣類之裁法、縫法及修繕之法，並授以教授裁縫之次序法則。

一、手藝——其要旨在使學習適切於女子之手藝，並使其手指習於巧緻，性情習於勤勉，得補助家庭生計。其教課程度，可就編織、組絲、囊盒、刺繡、造花等項，酌擇其一項或數項授之。此外各種圖樣，凡有適切於女子之技藝者，均可酌量授之；並授以教授手藝之次序法則。』（光緒新法令第七類教育三）

在這次部定的女子師範學堂課程中，除教育外，要以裁縫、手藝佔時為多，這也或許就是為了所謂『補助家庭生計』了。若持與當時男子初級師範學堂比較則有下列四點不同：

（一）不設讀經、講經；

（二）各科程度均較低淺；

（三）特設家事、裁縫、手藝等科，為男子初級師範所無；

（四）修身科完全注意女教，即所謂『涵養女子之特性。』

至於簡易師範科的課程部章並無規定，這裏且引天津北洋女子師範學堂所定的學科程度，以見一斑。

北洋女子師範學堂成立於光緒三十二年（公元一九〇六），設簡易科及選科。簡易科又分一二兩部，均兩年畢業；選科為不欲兼修各科者屬之，惟修身、教育為必修科，餘任自選。其簡易科之學科程度如下表：

學科	第一部 程度	第一部 附註	第二部 程度	第二部 附註
修身	人倫道德要旨　教授法		同上	
教育	教育史　應用心理學　論理學大意　教育原理　教授法　保育法　管理法　實地練習		同上	
國文	講讀　文法　作文　教授法		講讀　作文	
歷史	中國歷史　東洋史要　西洋史要　教授法			無
地理	中國地理　外國地理　地文　教授法			無
算學		無	四則諸等　分數　小數　比例　百分　雜題　開方	
理科		無	植物　動物　鑛物　地質　化學　物理　地文　生理　教授法	
家政	家事衛生　衣食住　育兒　家計簿記		家事衛生　衣食住　育兒　看護　家計簿記　教授法	
習字	楷書　行書	隨意科	楷書　行書　教授法	隨意
圖畫	自在　用器　教授法	隨意	自在　用器	
手工	裁縫　編物　刺繡　教授法	隨意	同上	隨意
體操	普通　遊戲　教授法		同上	
樂歌	單音唱歌　複音唱歌　樂器用法　教授法	隨意	單音唱歌　複音唱歌　教授法	隨意

訓育　這個時期，男女之辨十分嚴謹，女子德操極爲重視。所謂『啓發知識，保存禮教，兩不相妨』便是當時辦女學的唯「目標」。在『保存禮教』的口號之下，女子訓育的採取嚴格隔別主義，乃爲其必然的趨勢。光緒三十四年（公元一九〇八）學部奏設女子師範學堂摺上曾說：

『……所招務取樸質穩重之人，不收儇巧佻薄之輩，令其住堂肄業，內外有別，嚴立門禁。所以必使住堂者放假有定期，不使招搖過市，沾染惡習；至學堂衣裝式樣，定爲一律，以樸素爲主，概行用布，不數羅綺；其釵珥亦須一律，不准華麗。……五年以後，婦女中深通國文者漸多，此項國文教習卽一律全用婦女充當，以歸畫一，而謹防閑。至堂中建置，應分別內堂外堂，外堂爲各男職員所居，內堂爲各女職員及女學生所居，界限謹嚴，力求整肅。……』（光緒新法令第七類）

奏定女子師範學堂章程也規定：

『學堂既有寢室，女師範生皆須住堂，不得任意外出。其星期及因事請假者，必須家人來接，方令其行。』（五章十三節）

『教育管理員及學生之親族，有因事來堂者，須先經總理、監督察驗屬實，始准在外面客廳接見。若非親族，一概不准在學堂接見。』（五章十二節）

下面，摘錄北洋女子師範學堂寄宿舍規則數條，以明當日的訓育實況：

『本科以德育爲重，同學共處，當互爲輯睦，以禮義節操相勉。凡涉舊日有失忠厚之言語行爲，均宜嚴避。』——第二條

『堂內以靜肅爲主，除游戲場外，不得唱歌喧笑及有一切違礙之舉動。』——第三條

『住堂不得攜帶珍貴物品，……與有防道德、衞生之書籍、食品、物件』——第八條

『每夕滿自修時限後，由舍監點名一次，卽各歸寢室。』——第十二條

『患病者除在本堂指請醫師外，或有保人親族代薦醫師，非經本堂認可，不得擅入診治。……非親屬女眷，不准至病室探看。』——十三條

『本堂休課之日，准其外出，惟不得過一定時刻。本學生親屬不在本處者，並不准在外過宿。』——十四條

『除有特別事情外，不問堂內學友，不許借貸銀錢。』——十六條

『有女戚來堂採訪者，俱在會客室會見，非經稟明舍監准允，不准輒入寢室。』——十八條

『值日生每日察看割烹調派飯蔬，並督責僕役整理一切。』——二十條

『室長平日留意同室風紀及衞生。』——二十一條（以上見南洋官報五二册）

因爲要使男女有別，要使『於興學宏教之中，寓防微杜漸之意』，所以在京師女子師範學堂開辦未

久，爲了募款助賑，在琉璃窰開女學慈善會，竟因此引起學部的干涉。且通令京內外各女學堂知照，通飭上說：

『近聞琉璃窰地方開辦女學慈善會，各女學堂學生皆入其中發賣所作手工物品，以助拯款，並在彼唱歌舞蹈。昨閱北京女報所載該會廣告，且有招集馬戲之事。查助款拯災，事關善舉，原宜俯順輿情。其發賣手工物品一節，比之古賢媛典簪珥、賣書畫以助拯者，義無多讓。惟在會唱歌舞蹈，累日經旬，則於中國禮俗，實相違異；且於學堂功課，曠廢必多。若更招集馬戲混跡其中，尤非本部所欲聞矣。現在女學方在萌芽，熱心興學者自應共體艱難，豈可以貽人口實之事端，致生阻礙。今本部爲申明勸誡各學生，陳設物品以助賑需，儘可遣人送往，不必親身到會。至於赴會唱歌舞蹈，於禮俗尤屬非宜。招集馬戲混跡其中，更非敬重學生之道。京師爲首善之區，各女學生自必服習詩書，飫聞禮義。本部以全國學堂爲己任，惟有責成各學堂創辦人員傳知各女學生，共喻本部敬重女學生之深意，保全女學堂之苦心……』（學部奏咨輯要）

稍後，更有一件在現在看來令人可笑的事：宣統三年（公元一九一一），江蘇提學使李瑞清通飭各女學堂改星期五放假，也是所謂『防微杜漸』的意思。他說：

『照得江漢風行，讀周南而知德化；女師典訓，企班媛而頌徽音。蓋琴瑟在御，靜好先兆於安絃；訟獄無常，夙夜每防其多露，此女學以禮教爲先，而名譽以道德爲本也。查寧省女學之盛，頗稱完善。但鸞鳳爲羣，或不禁鴟梟之暗逐；芝蘭既植，亦難免蕭艾之潛滋。故口衆可以鑠金，蟲生多緣腐物。弊宜祛於所忽，法必極於無疏。……今特改寧省女學堂星期放假均限於第五日一律通行，……與男學堂不同一日，庶杯蛇市虎之疑，自隱消於不覺；秀柏貞松之節，更相得而益彰。……』（近代教育史料）

這種嚴格隔別主義的實施，可謂登峯造極！

至於女生服裝在當時，也被認爲有關禮教！奏定女子師範學堂章程曾定：

『教員及學生當一律布素，……不御紈綺，不近脂粉，尤不宜規撫西裝，徒存形式，貽譏大雅。』

宣統元年（公元一九〇九）學部奏擬女學服色章程摺上說：

『……學校爲教化所關，尤當參酌古今之宜，定爲整齊嚴肅之制，庶幾學風之樸，婦容之莊，有以養成高尚端淑之人格，禮教之防，莫先於此。……』

當時所定服色章程如下：

一、女學堂凡遇行禮日期，監督、教習、監學、堂長、院長等，如係有封命婦，即按品級吉服行禮；無封者，常服行禮。未適人者，即著學堂制服行禮，至學生無論已適人、未適人，均著學堂制服行禮。

一、平時在堂無論監督……學生，均著學生制服，惟女子小學學生均用家庭常服。

一、女學堂制服用長衫，長必過膝，其底襟去地二寸以上，四周均不開衩，袖口及大襟均加以緣，緣之寬以一寸為度。

一、女學堂制服，冬春兩季用藍色，夏秋兩季用淺藍色，均緣以青。

一、女學堂制服用棉布及夏布，均以本國土產為宜。

一、女學生得佩襟章，以為識別，其製以銅為宜……

一、女學生不得纏足。

一、女學生不得簪花、傅粉、被髮及以髮覆額。

一、女學生不得效東西洋裝束。（見宣統新法令第十一冊）

【附】清末女師章程頒布前後之女子師範學堂概表：

	名稱	備考
章程頒	甯垣女子師範學堂	光緒三十年閩人沈琬慶等創辦旅甯第一女學，設初高兩等小學及師範班，校址在南京科巷，後改歸省立，遷大全福巷，改名如上。
	競仁女子師範學堂	光緒三十年設於上海，為私立性質。
	浙江女子師範學堂	光緒三十年邵敬章孫智敏等創辦，校址在杭州。
	福建女子初級師範學堂	光緒三十年創設於福州。

	校名	沿革
章程頒布前	安徽全省公立女子師範學堂	光緒三十二年阮强李德膏創設於蕪湖，宣統二年因軍事停辦。
	湖北省立女子師範學堂	光緒三十二年創設於武昌紫陽湖畔。
	天津北洋女子師範學堂	光緒三十二年創設於天津。
	奉天省立女子師範學堂	光緒三十二年創設於盛京。
章程頒布後	京師女子師範學堂	光緒三十三年學部設立。
	江西官立女子師範學堂	光緒三十四年創設於南昌。
	雲南省立女子師範學堂	光緒三十四年就中醫學堂改辦。
	四川省城女子師範學堂	宣統元年就私立淑行中學改辦。
	吉林女子師範學堂	宣統元年創辦。
	山東官立女子師範學堂	宣統二年創設於濟南。
	山西官立女子師範學堂	宣統二年創設於太原。

育。

二　女子小學堂

女子小學堂宗旨　女子小學堂宗旨，「在養成女子之德操與必須之知識技能並留意使身體發育。」以養成「德操」列諸宗旨之首，可想見當時注重德操的程度。又女子小學堂章程教育總要上說：「中國女德，歷代崇重。今教育女兒，首當注重於此。總期不悖中國懿嫩之禮教，不染末俗放縱之僻習。」觀此，則所謂「知識、技能」等，只不過是良妻賢母的必須條件而已。

組織及行政　女子小學堂分女子初等小學堂和女子高等小學堂，兩等合併設立者爲女子兩等小學堂。入學年齡：七歲至十歲入女子初等小學堂，十一歲至十四歲入女子高等小學堂，修業年限均爲四年，並規定女子小學堂與男子小學堂應分別設立，不得混合。學堂設堂長、正教習、副教習，以年歲較長，素有學識，在學堂有經驗的女子充之；又設經理、書記、庶務員，以篤行端品，留心學務，年在五十以上的男子充之。女子小學堂的設置，須先將辦法、情形稟經地方官核准，方許開辦。

課程　據女子小學堂章程所定：女子初等小學堂課程有修身、國文、算術、女紅、體操五科，外音樂、圖畫爲隨意科，得斟酌加入；女子高等小學堂有修身、國文、算術、中國歷史、地理、格致、圖畫、女紅、體操九科，外音樂爲隨意科，得斟酌加入。其各學科之程度、時間分配如下列兩表。

女子初等小學堂學科程度及每週教授時間表

	學科 \ 程度 \ 學年	第一年	每週時數	第二年	每週時數	第三年	每週時數	第四年	每週時數
必	修身	道德要旨	二	同上	二	同上	二	同上	二
	國文	發音、字及淺易普通文之讀法、書法、綴法	十二	字及日用必須之文字及淺易普通文之讀法、書法、綴法	十二	日用必須之文字及淺易普通文之讀法、書法、綴法	十四	同上	十四

學科	第一年	每週時數	第二年	每週時數	第三年	每週時數	第四年	每週時數
修科 算術	二十以下數之數法書法及加減乘除	六	百以下數之數法書法及加減乘除	六	通常之加減乘除	六	通常之加減乘除及小數之稱法書法並簡易加減乘除珠算加減	六
女紅					簡易之縫紉及通常衣類之縫法	二	通常衣類之縫法繕法	二
體操	游戲	四	游戲普通體操	四	同上	四	同上	四
隨意科 圖畫			單形		簡易形體		同上	
隨意科 音樂	平易單音樂歌		同上		同上		同上	
合計		二四		二四		二八		二八

女子高等小學堂學科程度及每週教授時間表

學科 程度 學年	第一年	每週時數	第二年	每週時數	第三年	每週時數	第四年	每週時數
必 修身	道德要旨	二	同上	二	同上	二	同上	二
國文	日用必須之文字及普通之讀法書法綴法	九	同上	九	同上	九	同上	九
算術	整數小數諸等數珠算加減	四	分數步合算比例珠算加減乘除	四	同上	四	比例日用簿記珠算加減乘除	四
歷史	中國歷史大要		續前學年	二	補習中國歷史	一	續前學年	一
地理	中國地理大要	二	續前學年	二	外國地理大要	二	補習中國地理及外國地理	二

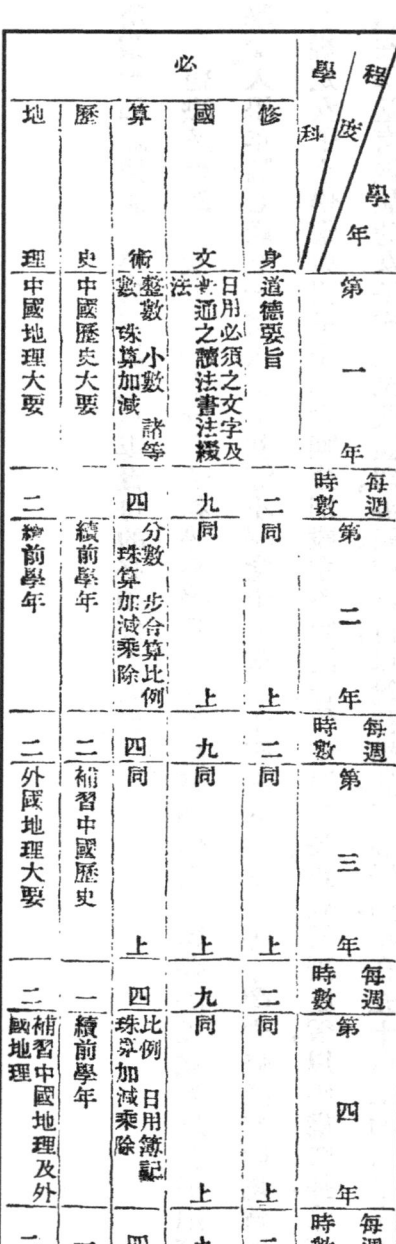

修科				隨意科	
格致	圖畫	女紅	體操	音樂	合計
植物　動物　鑛物　及自然之現象	簡單形體	通常衣類之縫法裁法繕法並酌授各項手藝	普通體操　游戲	單音歌	
二	一	五	三		三〇
同上	同上	同上	同上	同上	
二	一	五	三		三〇
通常物理化學上之形象元質及化合物簡易器械之構造作用人身生理衞生之大要	諸般形體	同上	同上	同上	
二	一	六	三		三〇
通常物理化學上之形象元質及化合物簡易器械之構造作用植物動物鑛物相互之關係及對於人生之關係人身生理衞生之大要	諸般形體　簡易幾何畫	同上	同上	同上	
二	一	六	三		三〇

女子教育既有別於男子，則其課程的實施自也有其特殊之點。所謂『女子性質及將來之生計，多與男子殊異。凡教女子者，務注重辨別施以適當之教育』就是因性別而施教的意思。茲擇女子小學堂章程所定各學科要旨及程度之重要者錄示數則：

『修身——其要旨在涵養女子德性，使知高其地位，固其貞操。其教課程度，在女子初等小學堂，初則授以孝弟慈愛端敬貞淑信實勤儉諸美德，並就平常切近事項指導其實踐躬行；漸進則授以對於倫類及國家之責任。在女子高等小學堂，則擴充前項之旨趣，而益加陶冶之功，使其志行更爲堅實。授修身者，務援引古今名人及良媛淑女嘉言懿行，以示勸戒，常使服膺勿忘。

『女紅——在使習熟通常衣類之縫法、裁法，並學習凡女子所能爲之各種手藝以期裨補家計，兼養成其節約利用好勤勉之常度。……

『音樂——在使學習平易雅正之樂歌，凡選用或編製歌詞，必擇其切於倫常日用有裨風教者，俾足感發其性情，涵養其德性。』

從這次所定課程中有下列數點值得注意：

(一)修身科所授者爲道德要旨，惟在使女子『高其品位，固其貞操，』做一個三從四德的奴隸；

(二)女紅科在女子高小一、二年級授課時間占全課程時間六分之一，三、四年級占五分之一，可見其重要；

(三)初小圖畫、音樂，高小音樂，都爲隨意科；

(四)國文科授課時間，初小各年級占總時數二分之一，高小占三分之一強。

訓育　女子小學堂管理亦爲嚴厲。初小女生都通學，高小則專宿校內。學生衣着，一律布素，不御紈綺，不近脂粉，尤不許規撫西裝，貽譏大雅。另一方面在課程中使女子涵養德性，講述『良媛淑女嘉言懿行，』使知所適從；並進而導其實踐躬行，是爲積極的訓育方法

統計 關於女子小學教育統計，最早在光緒三十三年（公元一九〇七，）據當時統計：

女校數	女生數	女生所占百分比
三九一	一一、九三六	二%

再據宣統元年（公元一九〇九）統計：

小學堂總數	女學堂數	女學堂百分比
五一、六七八	三〇八	〇・六%
小學生總數	女生數	女生百分數
一、五三二、七四六	一四、〇五四	一%

從宣統元年（公元一九〇九）統計看來全國女子小學堂數僅三百〇八所占小學堂總數不及百分之一，與男子小學堂爲一與一百七十一之比；女子小學生數僅一萬四千〇五十四名占小學生總數百分之一弱，與男子小學生爲一與一百五十之比。（光緒三十三年統計，每百人有女生二名，宣統元年則每百人中女生不及一名，這並非女生數的低落，而是男生數的激增。但由此也可見女子教育之較男子進步爲緩了。）

第四章　中國現代女子教育發展時期（上）

第一節　良妻賢母主義與反良妻賢母主義之論爭

一　良妻賢母主義

絕對的良妻賢母主義　良妻賢母主義：是中國教養女子的傳統思想，清末興女學時便毫無疑義的全盤接受了這種主張，以爲女子教育的本旨。因爲牠的根深蒂固，所以雖經國體變革，而這種思想仍綿延存續着，在女子教育實施上發生絕大的影響。

宣統元年（公元一九〇九），沈頤論女子之普通教育，有謂：

『……男子之性，沈毅有餘，而愼密柔婉諸德終不如女子。嬰兒初生，如葉始芽，如花始胎，愛惜保護，猶虞不育，故其事宜以女子任之。且嬰兒初在襁褓，無時離母。母之視聽言動，無一非嬰兒模效之資，則其責任顧不重耶？至於欲與學校相聯絡，以養成良善之家風，則如前所云云，尤非女子莫屬矣。』所以：

『女子之普通教育非在特殊之技能，而在普通之常識，不必求與於社會國家之事，而必不可有忝於賢母良妻……』因爲：

『今之幼女，異日皆爲人妻爲人母者也。』（教育雜誌一卷六號）良妻賢母主義的教育，自爲必要。

民國四年（公元一九一五），梁華蘭論女子教育，也說：

『……女子者，人類之母也。相夫教子，持家處世，其所貢獻於國家者既多；……吾國女子以數千年之壓制，服從既成爲第二天性，然正利用其服從之性，奉之以良好教育，終成世界第一女子。』

她認爲良妻賢母主義教育是良好的女子教育，她對於良妻賢母主義的解釋：

『或謂賢母良妻主義，其所需之教育，養成賢母耳，良妻耳，無與於高深，是不與教育平等之義相違背乎？曰未也。夫賢母良妻，乃教育之旨歸，而教育自身，則爲其途術，固未有受高深教育，不能爲賢母良妻者也。且正以受高深教育之故，思想高超，見解精確，益以知賢母良妻爲人類之所急耳。』（新青年二卷六號）

女子既生爲女子，良妻賢母的條件自不可不具，而且他們以爲良妻賢母的責任，並不是一件卑賤的事。如陳衡哲主張女子教育應當注重於母職的訓練，以爲女子應該把整理家務，教育女子，作爲她的終身事業。她說：

『假使一個女子在結婚之後，能把她的心思才力，都放在家庭裏去，把整理家務，教育子女，作爲她的終身事業，那麼，我以爲卽使她不直接的做生利事業，她却不能算是社會上的一個分利的人。她對於社會的貢獻雖比不上那少數超類拔萃的男人及女子，但至少總抵得過那大多數平庸無奇的男子對於社會的貢獻了。但劬勞家務是一件犧牲很大的事業，知道的人既少，名譽的報酬也是等於零度。換言之，做賢母良妻的人都是一種無名英雄。她們的努力常在暗中，而她們的成績却又是許多男子努力的一個大憑藉。她們是文化的重要基礎，但正像一個塔或其他建築的基礎一樣，她們承受的壓力是很大的，她們的犧牲是埋藏於地下的，她們不像那塔尖的上矗雲霄，爲萬目所矚，爲萬口所讚，但她們却是那座巍巍與天相接者的重要根基。我們明白了這一層，便不致因爲女子從事家務以外職業者的少，卽否認她們在文化上的貢獻了。』

因爲這樣，她覺得：

『賢母良妻的責任，不比任何職業爲卑賤，……大多數女子以家庭爲世界，不但是一件當然的事，並且也是值得保存的社會情形了。』

女子既應當「以家庭爲世界」，那末良妻賢母的教育自爲必要，所以，她對於女子敎育主張訓練母職：

『……我深信女子不做母妻則已，既做了母妻，是必不可不盡力去做一個賢母，一個良妻的。世上豈有自己有子女不能敎，反能去敎育他人的女子的呢？又豈有不能整理自己的家庭，而能整理社會的人呢？易子而敎，是可以的；請一位家庭敎師或保姆來分工，也是可以的；但精微的母職，却是無人代替的。兒童的智識，你儘可以請人來代授，而兒童的人格，却是必須由你做模範的。這是我對賢母一個名辭的解釋。假使一個女子在結婚之後，這一層也做不到，那麼，我想她還不如把對於其他一切事業的野心都放棄了，乾脆的去做一個社會上的裝飾品罷。所以我說，母職是最大多數女子的基本職業。』（現代評論二週年刊）

良妻賢母主義的女子教育思想，到此可說已闡發無遺，不異替良妻賢母主義重佩上一層護符！

相對的良妻賢母主義　這裏所謂『相對的』良妻賢母主義，是說女子教育的目的固在養成良妻賢母，而於良妻賢母之外，也要兼顧到女子的社會性。這種思想，說牠是良妻賢母主義和反良妻賢母主義的調和論，也有幾分理由。但牠的出發點，仍基於良妻賢母主義，所謂兼顧到「女子的社會性」，只是爲「良妻賢母」增加一點條件而已。所以，我們仍舊認牠爲良妻賢母主義，不過較之絕對的良妻賢母主義稍爲活動點罷了。

民國六年（公元一九一七）：侯鴻鑑在今後之女子教育一文上，主張女子教育的目的在養成家庭和社會兩方面的人才。所謂家庭人才：第一須杜絕舊思想之家族，須知學校所養成的人才固足以供家庭的需用；第二須令學生在校多一日肄業，即令對於家庭多一日輔助的能力。所謂社會人才：第一須知舊社會之習慣應如何改造；第二須令學生有改進社會的知識和技能。同時，在女子的能力方面，他又覺得最適宜於師範教育，和職業教育。因爲『女子性質，勤勞慈善，』對師範教育，最爲相宜；女子有職業，可以自存自活，職業教育，也是女子所必要的。對於學校課程，他主張注重家事，而家事的教學不必在教室內，而重在課外的實地練習。（見教育雜誌九卷三期）

民國九年（公元一九二〇）陸費逵發表了他的女子教育的急務，論女子教育的目的有四：

第一健全女子的人格。

第二養成賢母良妻。

第三在男子能養家的時代，從事無害生理無妨礙家庭的職業。

第四預備充足的實力，於必要的時候代男子做國家社會一切的事。

並且，他認爲要實現以上四個目標，首先要顧到下面三個前提：（一）女子自身的覺悟——叫女子自己覺悟她的人格；（二）家庭的覺悟——以同等眼光看待兒女；（三）社會的覺悟——尊重覺悟的女子和家庭。（見中華教育界九卷一期）

在這裏，陸氏看到了女子應有健全的人格，應有爲國家社會服務的準備，這是異於一般的良妻賢母主義者的地方。

民國十年（公元一九二一）三月姜琦在浙江省立女子師範學校講演女子教育問題之研究，他以為女子之生理的心理的和社會的諸種天分都不同於男子，因主張男女應該各依其天分，而分別施教他說：

『現在所謂女子教育這句話，也是就着全般人類的個性而立論，換一句話說：女子不能夠和男子受完全同一的教育，因爲男女各有特別的性向的原故……倫理學上男女的人格是平等的，但是心理學上男女的人格是不同的，……所以我主張男子有男子特殊的教育，女子也有女子特殊的教育。』

對於良妻賢母的女子教育目的，他認爲仍有存在的價值，並且他給了『良妻賢母』一個新的解釋：『倘使一女子能夠同着配偶者互相協助，這叫做良妻；能夠有經濟和智識的能力直接教育女子，這叫做賢母。』其實，這種解釋已不必限於『良妻』和『賢母』了，就是以之爲『良夫』和『賢父』，甚至爲家庭制度社會下的『人』的教育目標解釋，又何嘗不可呢？不過他既仍以『良妻賢母』爲名，我們仍舊認他是着重於『良妻賢母』的女子特殊教育的。但他是否以『良妻賢母』爲女子教育的唯一目的呢？再看他以下的話：

『我們先要問「良妻賢母」四個字，究竟是不是絕對沒有價值？如果絕對沒有價值，不妨卽刻棄掉他，若有幾分價值，在今日情形之下，未嘗不可拿來發揮一下子，照我的意思，「良妻賢母」四個字，並不是絕對沒有價值，不過不能夠當做女子教育的唯一目的，只可當做目的中之一部份。』

那末，眞正的女子教育目的是什麼？他說：

『女子教育的眞目的，是在於養成完全的女子人格（包括良妻、賢母、公民而言），詳細的說明是在於使女子成爲眞女子，開發所有天賦的諸種本分，以遂圓滿的調和的發達之一種作用。』（見教育雜誌十三卷五期）

這裏我應該附帶的說幾句話，就是姜氏最近對於女子教育的主張，據他自己告訴我，已有些變更，對於以前的主張似有些不信任了。現在他覺得女子教育就是人的教育，固無須分別男女，所謂女子的『天賦的諸種本分』大半也都是環境的產物。他並說：『思想是動的，他在不斷的朝前邁進，我十三年前的主張和現在的主張之不同，也就是個人思想隨時代而演進的結果。』那末，我們似不能再以他爲良妻賢母主義者了。

二　反良妻賢母主義

男女平等教育　反良妻賢母主義乃良妻賢母主義思想的反動，這一派覺得女子和男子一樣，要和男子受同等的教育，女子教育的目的，不在於養成良妻賢母，而在於養成比良妻賢母更廣大更重要的『社會的人』。因爲女子生來就是一個『人』，她非專爲做夫的『良妻』子的『賢母』而生的，她有和男子同等的『做人』的目標，和擔負社會改進的責任。

這一派的主張，同爲『男女教育應該平等，』而出發點則各有依據：有從參政或公民資格上主張男女平等教育的，有從人格上主張男女平等教育的，也有從心理上和生理上主張男女平等教育的立脚點雖有不同但歸納起來實爲『男女平等教育』的全部理由。殊途同歸，更使反良妻賢母主義的基礎格外穩定。

從參政或公民資格上講　女子爲社會的一員，對於社會諸種設施和本身的權利義務，都應該明瞭和參與，而這種參與社會生活的能力則必賴於教育的平等。高一涵在女子參政問題文裏（武昌暑期學校講演辭）從參政問題上主張打破良妻賢母主義，力斥舊日女子教育偏重家事的不合理，他說：

『我國女子教育制度多偏重家事方面，所以國民學校中所用國文讀本要加入家事要項，女子中學的課程特設家事、園藝、縫紉各科，女子師範特別加入「以造就蒙養院保姆爲目的」一項；再看各省及中央所辦的女子職業學校，大概總不外家事、烹調、縫紉、蠶桑、繅絲、編物、刺繡、摘綿、造花……等科，這種教育機關，簡直可算是「良妻賢母養成所，」所有的職業，大半屬於家庭的事業，所學的知識技能，大半是操持家政的知識技能。我們天天說男女知識不平等，請問這種教育制度——女子教育和男子教育不同——又怎能造成男女知識、職業的平等結果呢？所以女子要想抱着爲社會之一員的人生觀，又非打破這種使女子知識不能與男子平等的教育制度不可。』（現代論文叢刊第三冊）

民國十二年（公元一九二三）中華教育改進社女子教育委員朱其慧劉吳卓生袁昌英等提出了改進中國女子教育之計劃，從公民資格上主張男女平等教育：

『在民主國家之下，男女對於國家，都有應盡之義務，應享之權利，至於義務如何去擔負，權利如何去享受，才能致國家於治平，這是要靠着教育慢慢去做成的。義務非學不會盡，權利非學不會享，一國之人，若有一半不會盡義務，不會享權利，這個國家是斷斷站不穩的。所以要想有一個健全的國家，必先要個個國民——男的女的——都健全，都有相當的學識、技能、品格、體力，去挑公共的擔子，發揮特殊的貢獻。照這樣看來，女子教育是建設健全國家的一個要素，我們不談普及教育則已，要談普及教育，必須使女子教育同時普及。』（新教育六卷二期）

從人格上講 女子是『人』，自然她有『人』的『人格』，中國一向就忽略了這一點，只教女子做奴隸——男子的奴隸，而不以『人』去看待她們。所謂『婦者服於人者也』，都是我們古聖古賢鑄成的大錯。到了現代，婦女們有些自覺了，而做男子的也知道往日忽視女子人格的不當，所以女子人格的解放，便隨革命的怒潮而掀起、提高。

而且健全女子的人格，關係於社會國家綦重。『吾儕少年中國之創造，既從社會入手，則中國婦女人格之造就發展，亦吾儕重大之責任。婦女人格未能健全，則少年中國未曾健全，蓋少年中國乃具健全人格之男女國民所共同組合者也。』什麼是人格?『人格也者乃一精神之個體,具一切天賦之本能,對於社會處自由之地位。故所謂健全人格,卽一切天賦本能皆克完滿發展之人格。中國昔日婦女不得讀書學問,卽是一部份人格受委屈;女子若有參預政治事業社會事業之才能而不許其發展者,斯亦蔑視婦女之人格也。』怎樣發展女子的健全人格?『是在婦女之受同等教育。』(少年中國一卷四期)

過去的教育對於女子的健全人格,的確太蔑視了。李光業在今後的女子教育文上說:

『從前的女子教育缺乏人格的要素,根本上視爲劣弱,卽所謂女性劣弱觀,是由此觀念而發表奴隸觀,方便觀,非人格觀。婦女非爲獨立的人格者,而爲男子的奴隸方便,並爲其子女的奴隸方便。今後的女子教育,對於此等不合理的觀念,當一掃而空,注力於人格的陶冶,圖女子人格思想的充分發達;先認自己人格的存在,有獨立的價值和權威,更進而把「夫」和「子女」也視爲和自己同等的人格者,自行樹立自己的理想,自覺自己的價值。』

又說:

『歷來的女子教育,偏於家庭主義,而於女子同爲社會國家的一員的一點,極其蔑視,實爲一大缺憾。此後當注意於理知的陶冶,以彌補此中的缺憾,使女子具有男子同樣的知識和思想,共同圖國家社會的進步發達』(婦女雜誌八卷二號)

民國七年（公元一九一八）胡適在新青年上發表一篇美國的婦人（北京女子師範講演稿，）力說中國良妻賢母主義的人生觀的狹小他以具體的方法提出反良妻賢母主義的女子教育的主張，他說：

「……他（按指美國的婦人）的一言一動，似乎都表示這種「超於良妻賢母」的「人生觀；」似乎都會說道：「做一個良妻賢母何嘗不好？但我是堂堂的一個人，有許多該盡的責任，有許多可做的事業，何必定須做人家的良妻賢母，纔算盡我的天職纔算做我的事業呢？」這就是「超於良妻賢母」的「人生觀。」……

『這種「超於良妻賢母的人生觀，」換言之，便是「自立」的觀念。……美國的婦女，大概以「自立」為目的。自立的意義，只是要發展個人的才性，可以不依賴別人，自己能獨立生活，自己能替社會做事。中國古代傳下來的心理，以為「婦人主中饋，」「男子治外，女子主內；」婦人稱丈夫為「外子，」丈夫稱妻子為「內助，」這種區別，是現代美國婦女絕對不承認的。他們以為男女同是「人類，」都該努力做一個自由獨立的「人，」沒有什麼內外的區別的。……男女同有在社會謀自由獨立的生活的天職，這便是美國婦女的一種特別精神。』（新青年五卷三號或胡適文存卷四）

這種「自立」的精神怎樣來的呢？他以為『這種精神的養成全靠教育，』所以他主張中國的女子教育應趨重於『獨立的人』的養成。

從生理和心理上講　反對男女受同等教育的人，往往以『生理上的體質女子弱於男子，心理上的智慧女子低於男子，』爲其最大理由。但到了科學的實驗方法昌明的現代，這種固陋的成見已證實爲不可靠了。其實在十八世紀時，有位哲學家海爾凡鳩斯（Helvetius）已從事於婦女能力的觀察，他說：『男女才智的不同不是生成的，乃是教育和經驗造成的。』這給予歐洲婦女運動一個很大的學理上的幫助。

自從實驗心理學發達以後，對於男女智能的研究，格外努力。一九〇六年湯普生女士（Miss H. B. Thompson）著男女智的特性，謂男子與女子智力的差別，比男與男或女與女智的差別並不大些。男女間僅有兩種異性：一爲男子意志的動作之速度，較女子爲高；一爲女子的記憶力較男子爲強。但就大體上講，男女的智力是相等的。一九一四年，桑代克在他的教育心理學上，對於男女智慧的差別，有這樣一段話：

『男女平均智慧上最特著的差別是很小的，在實際上無甚關係。男子或女子中的差別，比男女間的差別要大得多。……過去的女子初等、中等、高等教育的成績，並不亞於男子。近代心理學家都承認這種成績，不是女子受了特殊的、勝過男子的訓練之結果，是天賦的平等之顯現。』

常人又以爲女子的『經期』足以造成男女技能的差別。但據一九一四年安諾德（Arnold）的試驗，他令在他監視下的女生，在月經來潮期，除眞有病者，概不得辭却智識的身體的各項任務。試驗結果，那些女生不但身體不消瘦，且强壯起來了；智慧方面也毫無損失。同年，何林華斯（Hollingworth）試驗二十三個婦女，證實知覺之速度和密度等等心理作用，都不因『經期』而消滅。

復次，在今日較爲先進的任何國度裏，無論何種職業都已有女子加入了，事實上，女子也並無什麼心理上和生理上的缺陷而不能勝任她所擔負的事業。既然女子在心理上和生理上不弱於男子，那末男女平等的教育，自然是需要的了。

綜上所述，良妻賢母主義和反良妻賢母主義所持的理由已舉梗概。而孰是孰非，讀者自能判別。不過，這裏所要提示的，就是這兩派的主張，前者似係根基於中國『男子治外，女子治內』的傳統思想，有點偏於社會的保守性；後者則是受了近代社會主義的影響，思打破傳統思想取而代之。

第二節　民國成立與兩性雙軌制的崩潰

民國成立　清廷統治了中國二百六十餘年，正當西洋文化高潮之衝，內憂外患，交相煎逼，自嘉、道以還，日在戰亂之中。及至光緒，危機更爲顯著。於是國內起了兩種運動：一是康有爲、梁啓超領導的變法維新，一是孫中山、黃興領導的革命運動。前者主張消極的改良，維護舊政府，進行立憲；後者主張積極的革命，推翻舊政府，從新建立新政府。這兩種運動，一時並起，戊戌政變乃爲前者的發動，辛亥革命便是後者的成功。

辛亥革命，舉國響應，結束了清廷二百六十餘年的命運。這不但是推翻了滿清政府，而且根本推翻了數千年來一脈相承的專制政體，開中國古所未有的創局。清廷既被推翻，革命黨人首在南京成立臨時政府，爲中國民主政治的第一聲。是年秋，政府遷設北京，民國政府正式成立。

壬子癸丑學制　民國成立，凡從前因緣於專制政體而存在的典章思想，當都隨皇家寶座的消滅而失效。民國元年（公元一九一二）一月教育部頒布普通教育暫行辦法通令謂：

『民國既立，清政府之學制，有必須改革者，各省都督府或省議會鑒於學校之急當恢復，發臨時學校令以便推行，具見維持學務之苦心。本部深表同情。惟是省自爲令，不免互有異同，將使全國統一之教育界俄焉分裂，至爲可慮。本部特擬普通教育暫行辦法若干條，爲各地方不難通行者，電告貴府，望卽宣布實行。……』

同時，並頒布普通教育暫行課程之標準，以使各地遵守。（詳見近代教育史料二册）這時對於教育的改造，最要的：一，初等小學可以男女同學；二，小學廢止讀經科；三，中學校爲普通教育，文實不必分科；四，中學校初級師範學校，均改爲四年畢業；五，課程標準女子不另行規定，但就其各級學校增損其學科。

民國元年（公元一九一二）九月至二年（公元一九一三）八月教育部頒佈各種學校章程，民國學制正式成立，卽所謂壬子癸丑學制是。按照此制規定初等小學四年，高等小學三年，較前期減少一年；與高等小學平行的有乙種實業學校，中學校四年，較前減少一年，與中學平行的有甲種實業學校，師範學校仍爲五年，分預科一年，本科四年。大學預科三年，本科四年或五年，大學院不定年限。高等師範與大學平行而程度略低，分預科一年，本科三年，研究科一年或二年，專門學校與高師相當，分預科一年，本科三年系統圖見下：

壬子癸丑學制系統圖

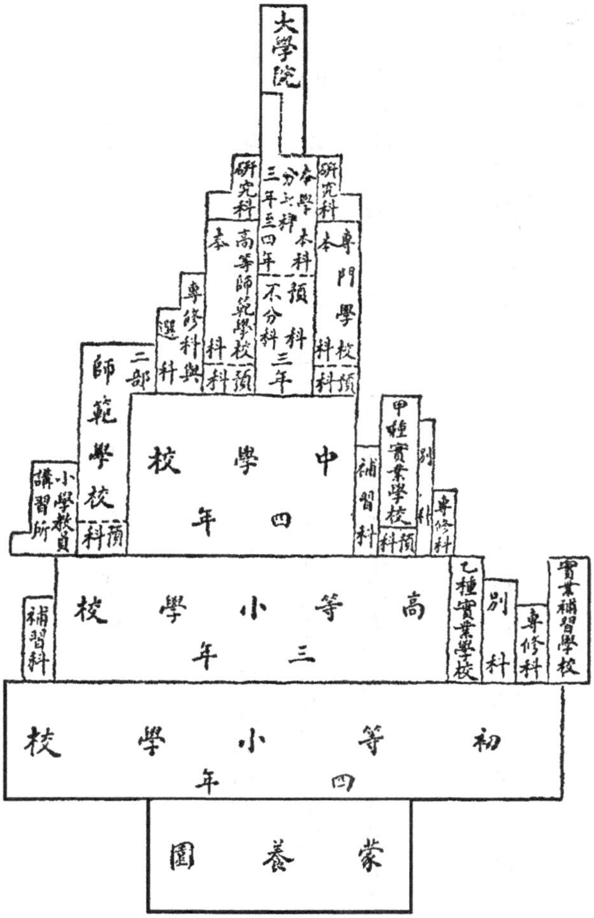

此制特色：

(一)初小男女可以同學。

(二)女子高小以上，可設女子中學，女子師範及女子高等師範。

(三)女子學校不另立系統。

壬子癸丑學制，固不能稱爲澈底的不分性別的單軌制，然與從前所定的兩性雙軌制相較，則進步頗多。從前的女子小學和師範，都較男子少一年，現在却年限相等了；從前爲女子所不能享受的中學教育，實業教育，高等師範教育，現在都和男子一樣的列入學制了。而且女子學校不另立系統，更爲女子教育造福不少。

兩性雙軌制的女子教育，到民國成立便開始崩潰，而澈底的單軌制的建立，則有待於民國十一年（公元一九二二）新學制的頒定。

獎勵女學　女子教育，因革命成功而益加進步，各省有婦女教育會的組織，宣傳提倡，不遺餘力；再加上政府的獎勵，收效更大。故民國成立後，女子學校之增設，較前不啻倍蓰。政府當局之獎勵女學，如民國二年浙江教育司所定辦法：(一)每學期由省視學調查報告，給獎一次；(二)女生在三十人以上辦有成效者，每學期給獎狀一紙；(三)在四十人以上辦有成效者，每學期獎給津貼洋五十元；(四)在五十人以上辦有成效者，每學期獎給津貼洋八十元；(五)在百人以上辦有成效者，每學期獎給津貼洋百元。其他省份亦有類似獎勵辦法，不必詳舉，此不過示以當時政府提倡女子學校之一斑而已。

民國四年（公元一九一五）袁世凱任總統，對於各省女教員歷事五年至十年者，傳令嘉獎，題給匾額，以彰優異。同年冬，中央特派女視學四人，分四路巡視各省教育，計當時所派者：東路女視學呂惠如（江浙皖魯等處）南路女視學許宗蘭（廣滇湘閩等處，）西路女視學錢維貞（山陝甘新等處，）北路女視學祝宗梁（關東塞北等處。）在封建思想尚未澗清時期，能毅然選派女子充任視學，我們不能不認爲是一種進步的現象。且此次女子視學，實開中國未有的創舉，對於以後女子職業解放方面，影響頗大。雖然，當時袁世凱陰謀帝制，倡導女學也許是爲籠絡人心，別有作用；但我們站在女子教育的立場上講，無論他是否誠心獎勵，這種設施於女子教育總歸是有利的。

民國六年（公元一九一四），第三次全國教育聯合會議決：『推廣女子教育案，』分培養師資與增設女子中小學兩項。培養師資主張（一）增設師範學校；（二）師範學校附設講習科；（三）師範學校設立第二部；（四）擇適宜地點設師範講習所。次年教育部曾通令各省區，酌量地方教育情形分別辦理，此亦可見對於女子教育的注重了。

女子教育方針　兩性雙軌制的女子教育，雖經崩潰；但澈底的男女平等教育終究尚未建立起來。我們看壬子癸丑學制所定的，只初等小學男女可以同校，高等小學以上必須分別設立，而在教育實施方面，也是男女異趣，所以教科書的編製，另外有專爲『女子適用』的。

民國三年（公元一九一四），教育總長湯化龍發表對於女子教育的意見，以爲：

『中國今日凡百事務，皆屬過渡時代。如女子教育，尤不可不十分愼重以謀完善。考中國女子，本生長於深閨中，多不出門，故其見聞至爲狹隘，知識亦頗幼稚，此一缺點實與今日時勢大不相合。其開發女子知識之方法，不可不大加研究。至於中國女子之性質，則概多靜貞優美，亦幸賴三千年來遵奉一種高尙之道義，行於家庭所致。故未使女子陷於敗德非道之域中，誠爲可喜！民國以來，頗有一派人士倡導一種新說，主張開放女子之界限，其結果致使幽嫻女子提倡種種議論，或主張男女同權，或倡導女子參政，遂至有女子法政學校之設立。雖屬一時風潮所驅，爲過渡時代勢所難免之現象，然以余觀之，則實屬可憂之事也。卽如教育部此次禁止私立女子法政學校者，蓋謂該學校在今日不但毫無利益，而反有巨害。余對於女子教育之方針，則在使其將來足爲良妻賢母，可以維持家庭而已。惟對於智識技能之方面，則非設法研究，以謀發展，則不能適應於文明日進之時勢也。』（教育雜誌六卷四期）

從這一段話裏，我們可以看出當時政府對於女子教育所持的態度。那末民國五年（公元一九一六），教育部之禁止女生自由結婚，也非無故了。

民國五年（公元一九一六）教育部爲端肅女校風化，通令全國謂：

『……各省女校往往自爲風氣，裝飾服用，任意自由，若不取締，不足以昭劃一。茲特嚴定懲戒規則五條：(一)不准剪髮，違者斥退；(二)不准纏足，違者斥退；(三)不准無故請假結伴遊行，違者記過二次；(四)通校女生不得過十四歲，如有隱匿冒混者，記過；(五)不准自由結婚，違者斥退，罪及校長……』

從上述各段看來，民國成立，在學制方面，確已打破清末所建立的兩性雙軌制，但在實際的設施方面，歧視女子教育的思想或政策，仍爲繼承前期的『良妻賢母』或『相夫教子』的女子教育觀，而無絲毫的變革。

然而這種歧視女子教育的政策，不過是政府當局之一時的主張，終敵不住新思潮的衝擊。五四運動便是衝破一切殘餘的封建思想的一種總動員，所有傳統的思想或觀念，統給打倒了；而女子教育也因五四運動而漸進於男女平等的領域中。民國十一年新學制的絕對承認男女平等教育，我們能說牠不是受了五四運動的恩賜嗎？

第三節　五四運動與男女同學

五四運動　五四運動是民國八年(公元一九一九)五月四日爲教育界所主動的一種空前的民衆大運動，這種運動，使中國思想界起了一大突變，是思想解放的鎖鑰，是推倒舊禮教的生力軍，有人稱之爲『中國的文藝復興』確非無故。

五四運動之起有近因遠因，近因爲山東問題的失敗，試看四月二十四日梁啓超自巴黎電國民外交協會：『對德國事，聞將以青島直接交日本，因日使力爭結果，英、法爲所動；吾若認此，不啻加繩自縛，請警告政府及國民，嚴責各全權萬勿署名。……』北京各校學生團體事前亦有通電謂：『青島歸還，勢將失敗，五月七日在卽，凡我國民當有覺悟，望於此日一致舉行國恥紀念會，協力對外，以保危局……，』是已至箭之在弦，一觸卽發的時機了。終於，五月四日的大運動，首由北京各校學生發難，而全國遂亦風靡響應。

五四運動的遠因，是數千年來思想禁錮的反響。本來，中國的共和政府雖已成立七、八年之久，而在思想上，封建殘餘的勢力仍舊存在。自西洋文化侵入以後，思想界形成新舊兩派的對峙，日在抨擊之中，舊的思想雖根深蒂固，但新的思想也如怒潮之來，勢不可遏。五四運動遂做了牠的導火線，使中國思想界呈一異彩。

五四運動既推倒了舊的思想和禮教，對於婦女解放自然也有極大幫助。在教育方面，大學的開放女禁，中學的男女同學，予女子以平等教育的機會，這都是五四運動的不可湮沒的功績。我們應該承認五四運動劃分了中國文化的鴻溝，因爲牠結束了舊的文化的生命，更建造起新的文化的基礎。

男女同學的理論　關於男女同學的理論，大別之可分爲三派：一，絕對的男女同學論；二，絕對的反男女同學論；三相對的男女同學論。第一派的主張，以爲男女同學可以解決男女交際問題，和打破舊日『男女授受不親』的舊觀念，而且學校男女兼收，一方面財力人力固爲經濟，他方面男女因競爭而學業也更易進步。第二派的主張，以爲中國『男女有別』的習慣，由來已久，一朝打破，勢必弊竇叢生；且男女心性不同，各有所趨，更不能納諸一軌。第三派主張小學和大學可以男女同學，至中等學校，學生正當青春發動時期，血氣未定，應該分別設校。

上述三派的主張，孰是孰非，讀者自有定評。不過，我個人的主張，是贊成前派的絕對男女同學論，——自小學以至於大學。至於我的立論的根據，則有下列數點：

(一)男女同一樣是『人』，——這是男女同學的一個基本觀點。男女同一樣是『人』，只有『人』的教育，而沒有『男子』或『女子』的教育。我們不能給女子劃出『人』的範圍以外，叫她們另外去受一種『女子適用』的教育。男女既應同樣的享受『人』的教育，那末，對於教育的設施，自不必嚴立界限，使男子受男子的教育，女子受女子的教育。

(二)個性差異大於男女性的差異——心理學實驗的結果，男子與女子的智力的差別，並不大於男與男或女與女的差別。換言之，男子或女子中的差別，比男女間的差別要大得多。因此，一般人所謂男女心性不同，已無存在的餘地了。男女性間既然無甚差異，在心理方面，男女同學便無反對的理由。

（三）戀愛是自然的衝動——中國舊禮教之防範男女極爲嚴厲，『男主外女主內，』顯分畛域，致使數千年來女子屈服於男子肘腋之下，而未曾度過一天抬頭的生活。現代持反對男女同學之論者，也以男女界限爲詞，主張分別設敎。即稍進步的人，也僅主張小學和大學可以男女同學，中學則絕宜防範。其實，兩性間的相愛，乃是人類——他動物亦然——自然的衝動。吾人正宜善爲誘導，使兩性間不生隔閡，而達於眞正愛的樂園中，使在團體的組織下，共同協力於社會的改革與建造。若徒爲防範，反使此種衝動發洩於不正當之途，爲害更大。試看古往今來，在極嚴厲的防範之下，正不知發生過多少荒唐淫亂的故事！原來人是好奇的，凡禁止的就是所願望的，禁止愈嚴的也就是願望愈切的；若撤其藩籬，使男女間育多接觸的機會，倒可免掉許多因於好奇心的驅使所發生的反常的行動。

男女同學的先驅　實行男女同學最早的，怕要算嶺南大學了。嶺南大學是中、美合辦的一所私立大學，一切主張只須內部通過，便可實行，不受政府當局的牽掣；其內部辦法一倣美制，所以對於男女同學這件事，並不持保守態度。在光緒三十一年（公元一九〇五），當該校創辦伊始，就有敎職員裏同敎會裏的女子和一、二位家庭開通的女子插入學校和男生同學了。雖然民國四年（公元一九一五）時，曾分辦女學，但不到一年，便又正式實行男女同學。民國九年（公元一九二〇）該校女生數達二十八人。嶺南大學實行男女同學，但對於女生特別定下了幾條規則：

(一)大學女生，除本校教職員女兒外，應住在宿舍。若得監督同意，則本校教職員之近親可與以特別權利。

(二)女生若得父母或家長來緘，可以請假，不然若欲過省城——廣州城——須得一女護士(Chaperon)同往。

(三)十一月至二月內，女生告假，當在六點半鐘返校，其餘各月，須七點半返校。

(四)女生不論如何事故，不能入男生寄宿舍，或在宿舍外四週。

(五)夜後女生不能遊行。

(六)女生可在他宿舍裏的應接室見探訪的人，但每晚不能過七點半鐘。禮拜日和禮拜一日晚，不能過九點半鐘。

(七)曠課告假須得大學 Attendence office 和女監學的同意，方有效力。

(八)其餘告假單，由女監學發出。

(九)其餘學校裏的事務，女生可和那班顧問商量。

(十)女生的行爲，和與大學的關係，是女監學直接管理的。

嶺南大學實行男女同學的結果，據甘乃光觀察有下列諸現象：

『外觀　從前對於衣履不甚留意的人，現在已潔淨得多。言語方面，亦很爲注意，男女間不便說的話，已減了多多。各人見面和談論時，都是笑容可掬，互相爲禮的。

『學業　男女因爲同堂的原故，許多人見得不讀書的羞愧，因此發憤讀書的，就日日增多。有的想得女生的喜歡，因而勤力讀書也是不少。總之，男女同學，學問上比較的看起來，是比從前活運得多。

『服務　男女同學後，據各班的表示，各樣會社都已進了新生命。從前閉戶讀書的人，也出來服務了。會社之中，尤以交際會爲多。

『家庭　從前女學分辦，是怕女生家庭不許她們來讀書；但現在女生的人數，日日增加，這可見家庭方面是沒妨礙的。

『社會　社會方面，對於男女同學，因爲沒有事情發生，也是沒有反對的論調。』（教育雜誌十二卷四期）

大學開放女禁　嶺南大學開男女同學的先河，對於後來國立大學的開放女禁，多少有些影響。不過，最有影響於開放女禁的乃是五四運動。五四運動，摧毀了數千年來的舊禮教和舊思想，男女平權的覺悟至此更爲堅定。於是，一班女子求知的慾望日見增高，多不願以一知半解而坐廢其前途。如鄧春蘭女士所謂：

『我以爲我尙在青年，總當求些高深學問，纔有做人的工具。所以去年北京女高師由各省招生的時候，我雖然因父親避職務上徇私的嫌疑，未許我入選官費生，我還是要求他用私費送我來京。我沒有起程的時候，就上蔡孑民先生一封信要求他開女禁……』（北大男女共學記少年世界一卷七期）

胡適在他的大學開女禁的問題文上也主張大學開放女禁，進行的步驟，據他的意思：第一步大學當延聘有學問的女教授，不論是中國女子是外國女子；第二步大學當先收女子旁聽生——因爲旁聽生不限定預科畢業，只須有確能在本科聽講的程度就可，現在女子學制沒有大學預科一級，女子中學與女子師範的課程又不與大學預科相銜接，故最方便的法子是先預備能在本科旁聽；第三步女學界的人應該研究現行的女子學制，把課程大加改革，總得使女子中學的課程與大學預科入學的程度相銜接，使女子高等師範預科的課程與大學預科相等。（見少年中國一卷四期）

蔡元培對於大學開女禁的問題說得尤爲透澈，他說：

『大學之開女禁問題，則予以爲不必有所表示。因教育部所定規程，對於大學學生，本無限定男子之規定，如選舉法中之選舉權者。且稽諸歐美各國，無不男女並收。故予以爲無開女禁與否之問題。即如北京大學明年（按指民九）招生時，倘有程度相合之女生，儘可投考，如程度及格，亦可錄取也。』（中華新報九年元旦新年號）

其實，在政府方面並不那樣簡單，我們看當時教育部給北京大學的公函上有這樣的話：

『……惟國立學校為社會視聽所繫，所有女生旁聽辦法，務須格外慎重，以免發生弊端，致於女學前途，轉滋障礙……』（教育公報第七年六期）

可見當局對於這個問題的態度的嚴重了。

首先要求北京大學開放女禁的是鄧春蘭女士。鄧女士於民國八年（公元一九一九）四月上書北京大學校長蔡元培請開女禁，不久五四運動發生，議遂擱置。是年年假後，王蘭女士復來請求，北京大學乃准許她為旁聽生。於是鄧春蘭等也援例入北大旁聽。計當時北京大學的旁聽女生共有九人，茲表誌如左：

姓名	籍貫		經過學籍	旁聽系級
王蘭	江蘇	無錫	北京女子師範學校	哲學系第一學年
鄧春蘭	甘肅	循化	同前	同前
韓恂華	直隸	天津	直隸第一女子師範學校	同前
趙懋芸	四川	南溪	北洋女子師範學校	同前
楊壽璧	貴州	貴陽	北京女子師範學校	同前
趙懋華	四川	南溪	北洋女子師範學校	同前
程勤若	安徽	歙縣		國文系第一學年

奚湞	江蘇	南匯	協和女子大學	英文系第一學年
查曉園	浙江	海甯	同前	同前

這是中國首先進大學的女子，也就是中國大學教育允許女子享受的開始。

民國九年（公元一九二〇）秋，北京大學與南京高等師範相約正式招收女生，高等教育之男女同學的難關，纔算打破。

同年十月，廣東省省長令廣東高等師範實行男女同學，令文上說：

『教育所以增進國民之程度，女子與男子，同屬國民，即應受同等之教育，不宜有畸輕畸重之分。文明先進諸國，凡教育事業，並不歧視男女，學制具在，班班可考。我國狃於故習，男女之畛域過嚴，因之教育未能刷新，……查高等師範學校男女同校，上年在山西全國教育聯合會議及本年廣東第四次全省教育大會，均經先後議決有案。是高等師範男女同校，按諸文明國之先例，參以世界之潮流，考之近世教育家之議論，實屬有利無弊，自應亟圖實現，以符男女平等之義。爲此令仰該校長……妥議一切辦法，尅日呈復，以憑通令招考。……』

繼之，北京高等師範也兼收女生。此外，私立學校，如大同學院、南開大學、廈門大學；教會學校，如嶺南大學（已早收女生矣）、滬江大學醫學校，如北京協和醫學校等，都男女兼收，據調查十一年度下列七大學兼收女生數：

	男女學生總數	女生數	女生百分比
北京大學	二、二四六	一一	
東南大學	八一二	四四	
南開大學	二六〇	二三	
北京師範大學	七九四	一六	
東大上海商院	一六七	一〇	
中國大學	一、六二六	一四	
廈門大學	二三七	四	
	六、一四二	一一二	一·八二%

（註）上表見最近三十五年之中國教育二〇六頁，尚有其他大學未計入全國大學女生數當不止此。

大學自五四運動開放女禁以後，到現在差不多全國各大學都男女生兼收了，人數統計，容在下章再為詳述。

中小學的男女同學　小學校男女同學，民元（公元一九一一）即有規定：『初等小學可以男女同校』四年（公元一九一五）國民學校令施行細則：『國民學校或其分校同學年之女生數足敷編制一學級時，應分別男女各編學級但第一第二學年不在此限。』又高等小學校令施行細則：『高等小學校或其分校應分別男女各編學級。』這就是說，國民學校三年以上可以同學，但最好不同級；高等小學校可以同學但不可同級。到五四運動以後，不僅初等小學男女可完全同校同級，即高等小學的男女同校同級也逐漸實行了。

在中學方面，因爲大學已開女禁，升入中學的女生也日漸增加。因此，第六次全國教育聯合會議議決呈請教育部實行中學男女同學，推廣女子教育。原呈上說：

『前屆本會議決改革女學制度案，一年以來，各地高等專門以上學校男女同學，已逐漸實行。惟女子中等教育，尚未普及，專門大學招考女生，及格者自居少數。茲爲增多女子求學機會，促進男女同學起見，擬請大部通令各省區各級學校招收學生，或絕對的男女同學，或分部同學，或添設女子班，或附設女校，各就地方情形，酌擇辦理，庶人才經濟兩問題，較易解決；習慣不同之障礙，可以減少；男女共學之目的，亦易達到矣。』

當時，教育當局雖未明令准許男女同學，而實際上，一面爲適應供求的需要，一面受了五四運動思想解放的影響，中學的男女同學便應時而與了。民十（公元一九二一）已經實行男女同學的中學有北京高等師範附屬中學，廣東執信學校，湖南嶽雲中學等，開了中學校男女同學的新紀元十一年（公元一九二二），除上述各中學外，又有廣州第一中學，上海吳淞中學，保定育德中學，南京暨南學校，東南大學附屬中學補習班，江蘇省立第一中學高三班等，都有女生在內。

自民國十六年（公元一九二七）以後，革命的空氣瀰漫全國各省中學，除了極爲守舊者外，大都兼收女生或添設女子部。惟最近又有男女中學分設的趨勢，其實中學校男女同學，實行以來已十有餘年，並沒有發生什麽流弊，現在又何必要把已成習慣的男女同學分開來而使他們儼分畛域各自爲謀？

第四節　不分性別的單軌制之確立

新學制的萌芽　壬子癸丑學制頒定後，不數年間已漸感覺其不妥適了。民國四年（公元一九一五）四月，第一屆全國教育聯合會開會，湖南省教育會提議改革學校系統，並指斥壬子癸丑學制六大弊害：

（一）學校種類太簡單，不足謀教育之多方面的發展。

（二）學校名稱不正確，致使一般人視小學爲中學的準備，中學爲大學的準備，失其獨立作用。

（三）學校的目的不貫澈，使求學者三、四年一易其宗旨。

（四）學校教育的不完成，依規定的學科時間，恆有充其所教，罄其所學，不能得具足的生活能力，反貽社會之累。

（五）學校的階段不銜接，非失之太過卽失之不及。

（六）各階段的年限分配不適當。

因此，他們提出十個改革的要點（原文見近代教育史料，這裏僅擇其與女子教育有關的幾則錄在下面）

（一）圖女子敎育之便利，且予以得受高等教育之機會，而其升學程度不減於男子，改女子高等小學校女子中學校爲女子高等學校及女子文科學校。

（二）增廣徵收師範生之途徑，分男女師範學生爲二部。

（三）圖女子專門教育之發展，增設女子專門學校。

（四）男女中等教育之基礎已善，廢止大學預科，且許女子有入大學之機會。

此案提出，當以事體重大未曾開議，特分函各省徵集意見，後雖未見實行，要亦爲新制改革的嚆矢。

民五（公元一九一六）以後，學制改革的呼聲更喧騰全國。其原因不外兩點：第一、歐戰告終，國人外鑒於各國學制的變革，內察社會及時代的需要，覺得不能不修改舊章以求適應；第二、民元頒布的學校系統依然採自日本，後來國人留學美國者日多，而赴美參觀教育者又復絡繹不絕，所以民國五、六年間（公元一九一六——一七）國內教育家多稱道美國學制的優美，而美國中小學的六三三改制說剛又於此時風行全國。

因為有了上述的兩個原因，學制改革，勢在必行，所以民國八年（公元一九一九）第五屆全國教育聯合會會議定下屆大會討論學制改革問題。次年第六屆會提出關於學制議案者，僅安徽二案，奉天、雲南、福建各一案，當以提案太少，乃又展緩以俟下屆。十年（公元一九二一）十月，第七屆全國教育聯合會開會於廣州，當時提議改革學制的，計有廣東、湖南、安徽、浙江、江西、直隸、山西、福建、雲南、奉天、黑龍江等十一省。會議結果，以廣東省教育會所提系統案為學制系統草案，由各省區加以討論，以便設法實施。此項草案即後來新學制產生的藍本。

新學制的建立　學制改革，喧騰已久，全國教育聯合會差不多年年都有關於改革的提案。民十（公元一九二一）且通過草案，各省有討論的，有試行的，新學制已呈『箭之在弦』之勢。教育部鑒於時已至此，知舊制之必難保全，乃於次年九月，乘全國教育聯合會在濟南開第八屆會議之先，自動的召集『學制會議』。參加學制會議的有各省區教育會及教育廳代表，國立大學及專門學校校長，以及教育部指派與聘請的人員。會議結果，對全國教育聯合會草案略加修正，同時並將修正議案送交第八屆全國教育聯合會徵求意見。十一月一日，以大總統令公布學校系統改革案，於是新學制遂正式建立。

這次學制，也分為初等、中等、高等三大階段。初等段分為幼稚園與小學兩級，幼稚園即舊制蒙養園的改稱，收受四歲以上六歲以下的兒童。小學校六年（收六至十二歲兒童）原爲單整的，但得依地方情形分爲初級、高級，採四二制；並明定義務教育爲四年但得延長之。中等段六年（十二至十八歲）分初級中學與高級中學兩級，得依各地情形採用三三制、四二制或二四制。初級中學實施普通教育，得單獨設立，但視地方需要得兼設職業科；高級中學除普通科外，得分設農、工、商、師範、家事等科。高等段廢止大學預科，大學爲選科制，修業年限四年至六年，得單獨設立或綜合各科設立，單獨設立者稱某科大學。舊制高等師範學校一律提高程度改爲師範大學（新學制系統圖見下。）

新學制系統圖

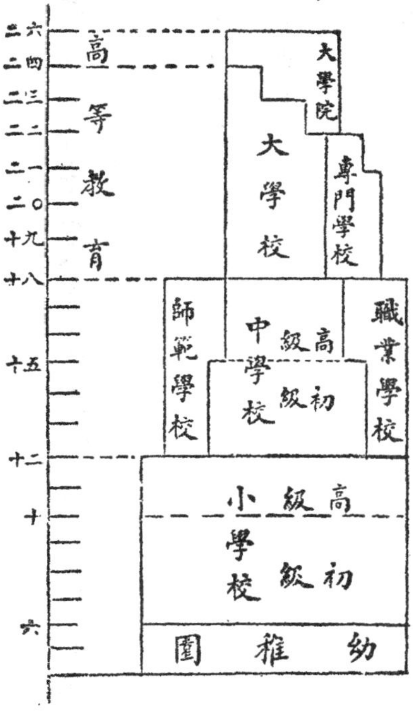

新學制的特點　學制改革醞釀了好久，經過八年的時間，新學制終正式產生。新學制的特點，據公布的學校系統改革案所提示的標準為：

一、適應社會進化的需要；

二、發揮平民教育精神；

三、謀個性之發展；

四、注意國民經濟力；

五、注意生活教育；

六、使教育易於普及；

七、多留各地方伸縮餘地。

這次學制的變革，顯然的是受了五四運動和美國教育思潮的影響，從上面七個標準裏便可看得出來。我覺得這次學制的最大特點，比前面七個標準尤為重要的，乃是不分性別的單軌制之確立在形式上，這學制與光緒二十八年（公元一九〇二）的學制正復相同，對於兩性問題，都不加區別，但實質上的用意，則大為懸殊。光緒二十八年（公元一九〇二）的學制只承認男子能受教育，女子在教育上無絲毫地位。那時學制雖不分男女，可是『教育』這兩個字只是『男子教育』的簡稱，學制也只是『男子學制』

的別名。新學制却不然，牠雖也不分男女，而其用意乃在教育爲男女所共有的，同得的，男女在平等的原則下享受同等的教育，所以從幼稚園直到最高階段的大學院都毫無差別的男女共同享受。當然，牠更不同於光緒三十三年（公元一九〇七）的兩性雙軌制，牠是不分性別的男女所共有的單軌制。壬子癸丑學制雖也是一條單軌，可惜不曾澈底，壬子癸丑學制明明規定在女子高小之上可以設女子中學、女子師範及女子高等師範，而獨於專門學校及大學未加明示，可見當時之對女子的專門及大學教育尚未明白確定，換言之，就是女子尚不能和男子享受同等的教育。我們單站在女子教育的立場來說學制的演變，到民國十一年（公元一九二二）才算走上了正軌，眞正的男女平等教育實以此爲始。

這新學制已顯示教育不是男子的或女子的教育，而是『人』的教育了。教育既是『人』的，自無須再分辨男女，以性別爲施教的標準，男子和女子，應該同站在『人』的地位，同等的參與教育的活動。這種教育制度，纔是眞正的平等的教育。在眞正的平等的教育制度之下，各個人各依其個性以求發展，各個人都有同等的發展的機會，絕不强以性別爲界限而遏抑個性的發展。

第五節　母性主義的抬頭

革命運動與婦女解放　革命是被壓迫者或被統治者推翻壓迫者或統治者的一種運動。爲增加或集中革命的力量起見，牠同情於所有的被壓迫者，更進而聯合之以施行其革命的策略。婦女乃久處於被壓迫的地位的，在革命的發動過程中她們確是一支有力的隊伍。而且，因爲同是被壓迫者，對於同爲被壓迫者的解放，自是革命所應有的任務。我們試看無論在那一個國度裏，婦女解放總是隨着革命運動而發動，有一次革命運動婦女解放也就隨着更進一步。像法蘭西，當一七八九年大革命暴發時，成千成萬的婦女們組成偉大的羣衆，襲擊束縛思想的教堂，擁進王宮所在地的凡爾賽，幾做了法國大革命的先鋒。雖然，平民婦女領袖古傑 (Olympe de Gouger) 和自由的擁護者羅蘭夫人 (Roland) 爲了爭奪女權和自由而上了斷頭台，但因此却給了所有婦女們一個絕大的啓示，爲法蘭西，爲歐洲甚至爲全世界的婦女運動安置下一座光明的燈塔。

再如蘇俄，在現代他們的婦女地位，世界上怕沒有別的國家能夠趕得上。但在蘇俄革命以前帝俄時代，其婦女地位也是極其卑下的，社會上的一切權力都把握在男子手裏，女性必須屈服於男性肘腋之下而爲其奴隸、牛馬或產物。教育、文化及社會事業，這一切都與她們無關，除掉拿出體力和肉的誘惑而外，她們是不必用什麼腦力的。可是，在蘇俄革命以後，新政府成立，所有帝俄時代加於婦女身上的鐐銬全被摧毀，她們已由狹隘的牢籠跳到廣大的社會上來，同男子一樣的成爲完全的平等的人了。無論在那一方面，她們都可以和男子同等的努力和享受，都有充分的機會充分發揮她的智慧和技能。

在中國，現在雖尚沒有達到那樣澈底的男女平等的境地；然而自從『推翻滿清建立民國』這種革命運動勃發以後，中國婦女也漸由自覺而走上解放的路。及至民十五年（公元一九二六）的國民革命運動發生，婦女解放運動更推進不少。國民革命乃中國國民黨所領導的，中國國民黨政綱對於女子有這樣規定：『於法律上、教育上、社會上，確認男女平等之原則，助進女權之發展。』第二屆全國代表大會也有關於婦女運動的決議案，最要的如：(一)切實提高女子教育；(二)注重農工婦女教育；(三)開放各行政及職業機關容納女子；(四)籌設兒童寄託所。在事實方面，像社交公開，戀愛自由，職業和行政機關的開放，女子繼承權的確定……等，這都是革命的成果。

國府成立後的學制　在這裏，我們得先把這個時期的教育行政組織簡單地說明一下。原來，國民政府成立於廣州時，所有行政組織大都採用委員制，因此中央教育行政機關也就有教育行政委員會的設置。民十六（公元一九二七）國民政府定都南京以後，羣議改制，而教育行政委員蔡元培復以為『官僚化之教育部實有改革之必要，除改官僚化為學術化，莫若改教育部為大學院。』是年十月乃取消教育行政委員會而成立大學院。但大學院因名非習見，一部分人士對之頗多懷疑。十七年（公元一九二八）八月，中委經亨頤等提出設立教育部案於五次全會，因此十月間國民政府公佈行政院組織法時，乃將教育部列為行政院組織中十部之一。成立剛僅一年的大學院便就此結束，而民元以來所舊有的教育部也因而重新恢復至於省教育行政機關，民國十六年（公元一九二七）六月曾擬定大學區組織條例，將全國分爲若干大學區，區設校長一人綜理區內一切學術與教育行政事項。此制首試行於江浙兩省，繼又組織北平大學區，旋因遭各方反對，於十八年（公元一九二九）六月依據二中全會的決議停止試行。

國民政府成立後，對於學校系統上並無多大變更。民國十七年（公元一九二八）五月，大學院召集第一次全國教育會議，議決中華民國學校系統原則六條：

(一)根據本國實情；

(二)適應民生需要；

(三)增高教育效率；

(四)謀個性之發展；

(五)使教育易於普及；

(六)留地方伸縮可能。

同年八月，大學院根據這些原則議定一個學校系統，九月復加修正，並於原則上另加『提高學科標準』一條，於原案三四兩項的中間合成七個原則。此次所定的幾條學校系統原則和民國十一年（公元一九二二）新學制的七個標準，大旨相同；其學校系統與十一年所定亦無甚出入。茲示其學校系統圖如下：

這次學制，對於女子教育也和十一年（公元一九二二）新學制一樣，並不區分男女。但在實際上，於女子教育則特別着重於母性的培養。

母性主義的女子教育　這裏所謂『母性主義』也就是近於良妻賢母主義的一種女子教育思想。不過，牠的含義比之良妻賢母主義則爲廣大。前者含有社會的觀念，以民族爲中心；後者缺乏社會性，乃以家庭爲中心。這種母性主義，自國民政府奠都南京以後，便開始抬頭。

中國國民黨第二屆中央執行委員會議宣言首先提出了這種主張，

民十七學制系統圖

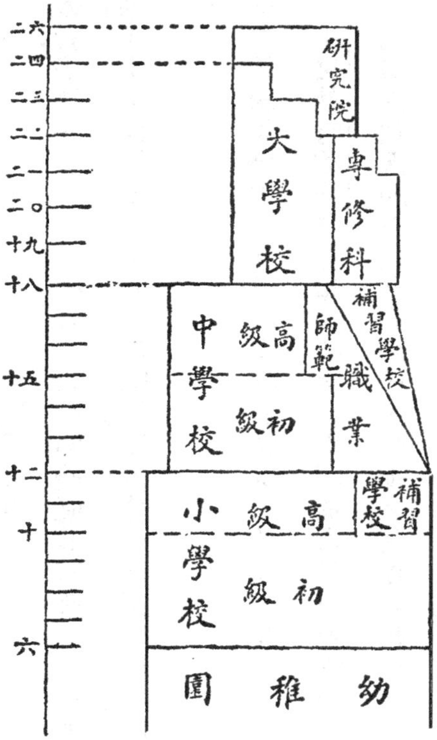

『對於女子教育尤須確認培養博大慈祥之健全的母性，實爲救國救民之要圖，優生强種之基礎。』

第三次全國代表大會所確立的教育實施方針亦謂

『男女教育機會平等。女子教育並須注重陶冶健全之德性，保持母性之特質，並建設良好之家庭生活及社會生活。』

民國十七年（公元一九二八），全國教育會議宣言有云：

『女子中等教育應培養女子特有的社會職分，而適應其特殊的需要。所以，我們認定女子中學校以單獨設立爲原則，——但因地方人才經費的限制，不能分設兩種學校時，亦得於一校內根據女子特殊的需要，變通辦理。』

本來在這次會議裏就曾議決了『中等女子教育應有特殊設施案，』其理由：

『中國國民黨中央執行委員會全體會議宣言中關於女子教育之要旨，謂「女子教育須確認培養博大慈祥之健全的母性，爲保國救民之要圖，優生强種之基礎。」此一要義，實爲今後建設女子教育必不可易之方針。教育之意義，非僅教授科學的知識與生產的技能；其更重要之目的，實爲創設整個的人類文化。女子在文化上之天職，不盡同於男子，此爲人人所知。若認女子與男子之教育體用皆同，實爲背於事實。尤其在中國今日，一切建設，皆當與民更始之時，民族之生存，國家之建設，社會之組織，其賴於女子之特別貢獻者至大。

(一)幼兒之保育兒童之教養，爲民族生存之基本，若女子於此無適當之知識、能力及道德的習練，絕不能完成此偉大而切要之任務。

(二)社會生活之基礎，在於良好的家庭生活之建設，而良好家庭之建設，實爲女子最主要的任務之一，此更有賴於特殊之教育爲之養成者也。

此二者皆爲女子教育應有特殊的設施之要點。在小學教育時期，女子之身體精神，尚未達實施上項教育之可能，無論男女兒童，其應受之教育，無顯著之區別；而專門教育，其目的在養成特殊之學術與技能，一切科學研究，更不因男女而有異：是以小學與專門教育爲不分性別之共同教授與研究，實爲至當。惟中等教育，在年齡關係上及教育機能上，皆爲養成社會的生活能力之重要時代，爲達上述兩種特殊的教育目的，中等女子教育，必須有特殊之設施。蓋除此而外，更無能達到中央全體會議所指示之要旨之道也。」

因爲上述理由，便議定了下面的辦法：

「(一)關於教育內容者：

中等女子教育之教材，須注重養成女子特有之社會職分，加入關於處理家政教養兒童等學科及訓練。女子德性之涵養，應注意於藝術的陶融及體育。

（二）關於學校設置者：

女子高初級中學，以特別設置爲原則，各地方因經濟力及教授人才之缺乏，不能分設者，得於中等學校中分設男女兩部。

（三）關於教員養成者：

高級師範學校內應設立女子教育之專科。』（全國教育會議報告乙編）

和上面決議案有關係的，有張奚若提出的『實行中等男女分校制案』。他也主張中學應男女分校，重要的理由：（一）在生理上中學一段適當青春發動期，在此期中青年男女意志薄弱，易引起性的糾紛問題；（二）家庭爲避免因男女同學所發生的不良影響起見，不令其女兒入校；（三）歐美情形不同，中國不可比擬。因此他主張（一）中學以男女分校爲原則；（二）同城中如無獨立女子中學，得於男子中學內另設女子部，現行之合班教授制，應一律革除。（同前報告）

不過，當前面那個『中等女子教育應有特殊設施案』經大會通過後，浙江代表表示不滿，乃去函聲明謂：

『……此案通過，和男女教育機會均等的教育宗旨完全相反。如果大學院一定要採擇施行，浙江大學區內已經開放女禁的各中等學校中千數女生便都要被迫輟學，這簡直是摧殘女子教育，是浙江大學所不能做的。』（同前報告）

從以上各段看來，我們可以明瞭『母性主義』在近年來中國女子教育上新張起一面旗幟。關於母性主義的女子教育之理論上的發揮和實際上的設施，當然還有不少的文獻可供參考，但牠的根本思想，却可以拿以上所述的各段來代表。

第五章　中國現代女子教育發展時期(下)

第一節　本期之女子初等教育

組織及行政　民國成立，所有清代之法令規章，自不能不有所變更。關於教育方面，推翻了以前的兩性雙軌制。同時，在學校系統上，也破除了男女的界限。這可說是一大變革。

初等教育，民國元年（公元一九一二）公布小學校令，分小學為高初兩等，修業年限：高等小學三年，初等小學四年，男女均同。與清制比較，女子初等教育年限縮短一年。校內設校長、正教員、專科正教員、副教員等。四年（公元一九一五），將小學校令重新修正，公布所謂國民學校令及高等小學校令（另有預備學校令未及實行，旋廢）將初等小學校改稱國民學校，修業年限仍為四年。國民學校令施行細則第十九條：『國民學校或其分校同學年之女生足敷編制一學級時，應分別男女各編學級，但第一第二學年不在此限。』又高等小學校令施行細則第十一條：『高等小學校或其分校應分別男女各編學級。』初等教育，在那時期男女同學尚有限制；迨五四運動而後，因大中學都漸倡導男女同學，小學校的男女同學纔算澈底實行。

民國五年（公元一九一六）以後，南方規模較大的小學，在校長之下，並設有教務、事務、訓育各主任及各種委員會，對於學校行政和教學方法也漸知注意。

民國十一年（公元一九二二），新學制建立，規定高等小學校二年，初等小學校四年，修業年限又縮短了一年。十二年（公元一九二三）教育部令改各縣勸學所爲教育局，掌理初等教育，至今仍沿此制。

二十一年（公元一九三二）以後，小學法及小學規程先後公布，定小學教育在『發展兒童之身心，培養國民之道德基礎及生活所必需之基本知識、技能。』小學分爲兩級：前四年爲初級小學，得單獨設立；後二年爲高級小學，須與初級小學合併設立。此外爲推行義務教育起見，各地得設簡易小學及短期小學。小學之設置，以市縣或區坊鄉鎮設立爲原則，但亦准許私人或團體設立——惟非『中華民國之人民或其所組織之團體，不得在中華民國領土內設立教育中國兒童之小學』。

小學規程規定：『小學女教職員在生產時期內，應予以六個星期之休息。其代理人之俸金，應由學校呈請主管教育行政機關另行支給。』這是對於女教職員的一種應有的特殊待遇。

幼稚教育　幼稚教育，始於光緒二十九年（公元一九〇三）的蒙養院。當時以蒙養家教合一，訓練保姆爲蒙養院及家庭之用。民國成立，改蒙養院爲蒙養園（旋又改稱幼稚園），定爲學齡前的教育機關，男女兒童都有同等享受此種教育的機會。實際上，在民國成立後十數年中，幼稚教育亦僅具其名。民國九年（公元一九二〇）第六次全國教育聯合會議曾建議『各地師範應設保姆訓育所及幼稚園』然終究推行不廣。

國民政府定都南京，十七年（公元一九二八）召開第一次全國教育會議，當經議定專案：

『通令全國，十七年度起，各省、各縣、各市實驗小學及師範附屬小學應設立幼稚園。

『各省區應就環境適宜之地，開設幼稚師範學校，或就各省立師範（或高中師範科）內，添設幼稚師範科，以培養專門人才，供給良好師資。（鄉村幼稚園不易單獨設立，故最初辦法應就可能範圍以內多招現任鄉村教師之夫人、未婚妻或近親訓練之，方能造就一人得一人之用。）』（十七年全國教育會議報告）

陶知行並主張推廣鄉村幼稚園，『幫助採桑娘子，照應兒女，使得她可以多養些蠶，多生點利。』由此推廣，且『可爲鄉村受過教育的婦女開一職業上的出路，』更可爲『鄉村婦女運動之惟一中心。』（同前報告乙編三〇六——七頁）照這樣說來，幼稚園當然與整個的婦女問題有關了。本來，現在的幼稚園，都側重於城市，而爲富有者的專有品，對於大多數的民衆，可謂毫無裨益。

幼稚教育，到了民國十七年（公元一九二八）以後，纔逐漸發展。現在，城市中固是多有着幼稚園；就是鄉村幼稚園也正在萌芽，不斷地興立起來，雖然在數目方面還是極少。

小學課程　元年（公元一九一二）公布小學校令，規定女子初等小學科目爲修身、國文、算術、手工、圖畫、唱歌、體操、縫紉等八種（男校缺縫紉）；女子高等小學校科目爲修身、國文、算術、本國歷史、地理、理科、手工、圖畫、唱歌、體操、縫紉十一種（男校缺縫紉，另添授農業或商業，並可加授英語）同年十一月，並頒小學校教則及課程表，玆將其特爲女生規定者摘錄如次：

一、修身要旨在涵養兒童之德性，導以實踐……對於女生，尤須注意於貞淑之德，並使知自立之道。

一、國文要旨，……女子所用讀本，宜加入家事要項。

一、縫紉要旨在使兒童習熟通常衣服之縫法、裁法，兼養成節儉、利用之習慣。

初等小學校首宜授運針法，繼授簡易之縫法、補綴法。

高等小學校首宜依前項教授，繼漸及通常衣服之縫法、裁法、補綴法。

視地方情形，得兼授西式裁法、縫法、補綴法。

縫紉材料宜取常用之物，在教授時宜說明工具之用法，材料之品質，及衣服之保存法、洗濯法。

民國五年（公元一九一六）修正小學課程科目，大抵與元年所定無多出入。四年（公元一九一五）高小科目加授讀經，五年又經取消，其詳見下列兩表：

國民學校課程表（見教育法規彙編）

教科目＼學年	第一學年 每週教授時數	第一學年	第二學年 每週教授時數	第二學年	第三學年 每週教授時數	第三學年	第四學年 每週教授時數	第四學年
修身	二	道德之要旨	二	道德之要旨	三	道德之要旨公民須知	三	道德之要旨公民須知
國文	一〇	（發音）簡單文字讀法書法及日用文章之讀法書法作法語法	一二	簡單文字之讀法書法及日用文章之讀法書法作法語法	一四	簡單文字及日用文章之讀法書法作法語法	一四	簡單文字及日用文章之讀法書法作法語法
算術	五	百數以內之數法書法二十數以內之加減乘除	六	千數以內之數法書法百數以內之加減乘除	六	通常之加減乘除（珠算加減）	五	通常之加減乘除及簡易之小數諸等數加減乘除（珠算加減乘除）
手工	一	簡易製作	一	簡易製作	一	簡易製作	一	簡易製作
圖畫			一	單形簡單形體	一	單形簡單形體	男二女一	簡單形體
唱歌	四	平易之簡單唱歌	四	平易之簡單唱歌	一	平易之簡單唱歌	一	簡易之簡單唱歌
體操		游戲		游戲普通體操	三	遊戲普通體操	三	游戲普通體操
縫紉					一	運鍼法通常衣服之縫法	二	通常衣服之縫法補綴法
總計	二二		二六		男二九女三〇		男二九女三〇	

高等小學校課程表（見教育法規彙編）

教科目＼學年	每週教授時數	第一學年	每週教授時數	第二學年	每週教授時數	第三學年

修身	二	道德之要旨	二	道德之要旨 中國法制大意	二	道德之要旨 中國法制大意
讀經	三	講授論語	三	講授論語	三	講授論語
國文	一〇	日用文字及普通文之讀法書法作法	八	日用文字及普通文之讀法書法作法	八	日用文字及普通文之讀法書法作法
算術	四	整數小數諸等數（珠算加減）	四	分數百分數珠算加減乘除	四	分數百分數比例珠算加減乘除
本國歷史	一	本國歷史之要略	二	本國歷史之要略	二	本國歷史之補習
地理	一	本國地理之要略	二	本國地理之要略	二	外國地理之要略
理科	二	植物動物礦物及自然現象	二	植物動物礦物及自然現象	二	通常物理化學上之現象元素與化合物簡易器械之構造作用人身生理衛生之大要
手工	男二 女一	簡易手工	男二 女一	簡易手工	男二 女一	簡易手工
唱歌	二	單音唱歌	二	單音唱歌	二	單音唱歌
體操	三	普通體操游戲男兵式操	三	普通體操游戲男兵式操	三	普通體操游戲男兵式操
農業			男二		男二	
家事	二	縫紉	四	縫紉 家事大要	四	縫紉 家事大要
圖畫	男二 女一	簡易形體	男二 女一	簡易形體	男二 女一	簡易形體
外國語			男二		男二	
總計	三二		三四		三四	

從上列兩表，我們可以看出此次課程與光緒三十三年（公元一九〇七）女子小學堂課程比較，有下面幾個特點：

初級小學方面：(1)添手工科；(2)取消隨意科名目，改圖畫、唱歌（原名音樂）爲必修科；(3)改女紅爲縫紉，時數略減；(4)修身科添授公民須知。

高等小學方面：(1)格致改稱理科；(2)取消隨意科名目，改唱歌（原名音樂）爲必修；(3)女紅擴大改爲家事；(4)修身科添授中國法制大意。

民國八年（公元一九一九）以後，新文學運動已盛，國語運動便也隨之而起。次年一月，教育部明令國民學校改國文爲國語科，旋高等小學校亦改革，並令小學教科書一律用語體文編輯。京師（北平）並設國語講習所，同年二月，教育部令各省教育廳選派中學、師範畢業生或小學教員到京傳習國語。自是，國語在小學中乃取國文科而代之。

且當時，美國教育思想由留美學生的回國而盛行到中國來，故學制改革遂在十一年（公元一九二二）正式實現。小學課程到了民八（公元一九一九）以後，也逐漸改變，民十二（公元一九二三）全國教育聯合會所擬小學課程綱要，雖未經當局明令施行，實際上却支配了民十二到民十六（公元一九二三——二七）五年間的中國小學教育。

小學課程綱要有下列諸要點：

(一)小學校課程分為國語、算術、地理、歷史、公民、衛生、自然、園藝、工用藝術、形象藝術、體育等十一科目。(前四年史地公民衛生合併為社會一科)

(二)小學校為表明各科性質及謀銜接的便利，依初中六學科分別說明如下：

(甲)衛生、公民、歷史、地理屬社會科。(前四年以合併教學為宜)

(乙)地理之一部份屬自然科。

(丙)園藝附入自然科，兼屬藝術科。

(丁)工用藝術(舊稱手工)屬藝術科，兼屬社會科。

(戊)形象藝術(舊稱圖畫新加剪貼塑造)屬藝術科。

(己)音樂屬藝術科，或以方便得附於體育科。

(三)小學校授課以分數計，初級前二年每週至少一〇八〇分鐘，後二年至少一二六〇分鐘，高級每週至少一四四〇分鐘。

此項小學課程綱要和前此所訂小學科目比較，顯然不同，其特點為：

(一)各科施教標準，不以男女性別而有差異；

(二)根據教育標準於教學目的、程序、方法和畢業最低限度都有規定；

(三)以兒童爲本位顧及兒童的實際生活和學習心理使課程社會化；

(四)採用分數制變一律的時間爲差異的時間使適合兒童生理的和心理的發展。

民國十七年（公元一九二八）小學暫行條例定小學課程爲三民主義、公民、國語、算術、歷史、地理、衛生、自然、音樂、體育、黨童子軍、圖畫、手工等十三科目。次年八月、教育部又頒布小學課程暫行標準，定小學課程爲黨義、國語、社會、自然、算術、工作、美術、體育、音樂等九科目。此次所訂暫行標準較全國教育聯合會的小學課程綱要無論在形式或內容方面都更爲進步。其最大特點在科目的盡量合併，各科間注重教學的聯絡；重勞動生產教材；富於彈性；教學方法更爲具體。

前項暫行標準，經四年的試驗，彙集各方意見，於二十一年（公元一九三二）十一月，復由教育部公布正式小學課程標準。其科目及每週教學時間如下表：

科目　分鐘　年級	低年級 一年級	低年級 二年級
公民訓練	60	
衛生	60	
體育	150	
國語	390	
社會	90	
自然	90	
算術	60	150
勞作	90	
美術	90	
音樂	90	
總計	1170	1260
附註	上列分數都可以三除盡便於以三十分或四十五	

中年級 三年級	中年級 四年級	高年級
60		60
60		60
150		180
390		390
120		180
120		150
180	240	210
120		150
90		90
90		90
1380	1440	1560

分或六十分支配爲一節。

小學課程標準與暫行標準不同之點：

（一）黨義科不特設，將黨義教材充分融化於國語、社會、自然等科中；

（二）將暫行標準中社會、自然兩科衛生部分劃出，另行訂定衛生科課程標準；

（三）改工作爲勞作科，並將商情部分刪除，商情估價作業納入於算術等科中；

（四）增加公民訓練標準。

從上面的敍述看來，小學課程的演變乃由分化而進於混合，由個人主義而進於社會化，由超生活而進於實生活，由成人本位而進於兒童本位。總之，課程的演變，從史的方面觀察，後一期都顯示着比前一期進步的現象。

女子的小學課程，在十二年（公元一九二三）以前，都在同一系統中增損其學科的科目和時間；但自小學課程綱要擬訂以後，男女同在同一的標準之下享受教育，從此課程標準再沒有分辨男女性別而有不同的規定了。而且，小學男女同學已成常態，教科的實施，自也無甚差異，不過，在實際上，如勞作或工作科的男習農、工、商，女習家事，仍舊被認爲是當然的事。

教學和訓育　民國初年男女教育系統雖同，而實施殊異。民元（公元一九一二）頒布的小學校教則，就是着重點各有不同，必須分別施教，故除初等小學男女可以同學，教科書兼收女子材料外，高等小學則須分別男女，教科書也有『女子適用』等字樣。而且，當時社會上一般人對於女子教育的態度，都覺得女子讀書只是一種裝飾，用不着怎樣認眞去教她們；再加上女子師範教育的不發達，小學師資方面也就弱了許多。

就當時整個的小學教學講，也僅只注意到『怎樣教，』還沒有注意到『怎樣學，』所謂教學法，進步的也不過是啓發式，其實用注入式的當然還居多數。到民國五、六年間（公元一九一六——一七），自學輔導的方法，從美國傳到中國，這纔注意到『怎樣學』的問題上來。繼自學輔導之後，傳進來的是分團教學，再後便是設計教學法了。十一年（公元一九二二）道爾頓制輸進，各地多有實驗。十九年（公元一九三〇）華虛朋博士（Dr. C. W. Washburne）來華，文納特卡制也隨之傳來，中國各地小學多先後實驗與推行。近來國內對於小學教學法的研究和介紹，更爲發達，小學教學的效率也日有增加。小學自男女同學澈底實行以後，男女兒童同在新方法之下享受教育，並無軒輊。

關於訓育方面，民國初年高小男女分校或分班，訓育的實施，自亦有異。當時，承舊禮教的餘緒，女校訓育以養成『貞淑之德』爲其最大目標。稍後男女同學已成普遍現象，訓育的實施，也漸趨一致。現錄民國八年（公元一九一九）北京女子高等師範附屬小學訓育實施狀況如下：

（一）訓育方針　本校取感化及漸進主義，凡事均由職教員本身作則，率先倡導。

（二）全校訓練　以誠敬勤樸爲校訓，有朝會訓話，講室訓話，力謀全校之統一，以養成善良之校風。

（三）學級訓練　每日就始業或終業後相機訓話，以期養成善良之校風。

（四）個人訓練　特設個性調查簿，隨時觀察記載之，對於個人之所長所短，於課外施行特別訓練法。

（五）儀式　始業畢業及各種紀念日皆舉行儀式，俾兒童得實地練習禮儀。

（六）服裝　制服材料，夏季用淺月色竹布，春秋季用銀光愛國布，高等科毛藍布裙，一切裝飾品不許佩帶。

（七）集會　每年舉行運動會、游藝會、成績展覽會各一次，每週每月各級得分作講演會及學科練習會。

（八）作業　各級級長及公買部經理，每學期選舉一次，其餘各項勤務生（普通教室、特別教室、公買室、圖書館、標本室、體操器械室等）均按照日輪替。

（九）課外修習及運動　每日始業前有定時修習，休息時及終業後有分部運動，以自由動作，無待教師之指揮監督爲原則。

（十）敬禮　每日上學放學或途遇師長時，均須致敬禮；同學中亦彼此互致敬禮，表示謙恭，以立接人處世之基礎。

（十一）賞罰　兒童學行優良者，酌與褒獎；言行惡劣者，酌與懲戒。物品獎勵及牌示過失等，一概不用。（教育公報第七年三期）

民國八年（公元一九一九）以後，學生訓練益趨重於社會實際生活。訓育制度，從級任制更進到訓導制，將學生分爲若干團由教師分任訓導，對於個別和團體訓練都能注意到。十六年（公元一九二七）後，各校有市政府或村政府的組織，『期使學生練習自治生活，發揚互助精神，增進服務能力與興趣，以促進其德育、智育、體育、羣育之發展。』

統計　關於小學方面之女生數目，據教育部第一次至第五次的教育統計，全國小學女生數如下：

民國元年　一三〇、九八四

民國二年　一五五、三二六

民國三年	一六六、八四一
民國四年	一七一、四八八
民國五年	一六四、七一九

再據民國七年至八年（公元一九一八——一九一九）全國教育統計女生數；

國民學校	一九〇、八八二
高等小學	二四、七四四
總　數	二一五、六二六

七年至八年的女子小學生數，較光緒三十三年（公元一九〇七）增加十八倍强，較宣統元年（公元一九一一）增加十六倍在這十多年中，每年約增加兩倍女子小學教育不可謂不有相當進步了。然與當時男生數相比較則又瞠乎其後。七年至八年男生數計：國民學校四、一七七、五一九，高等小學四二一、八九三，總計四、五九九、四一二。女生在全體小學生中占百分之四·五，換言之，二百小學生中祇有九個女生，其餘都是男生，男生數大於女生數二十倍强。

據中華教育改進社調查，十二年全國女子小學生數，高等小學校三五、一八二，國民學校三六八、五六〇。其詳見下表：

全國女子小學生數與小學生總數比較表

省區	國民學校			高等小學校		
	男女生總數	女生數	女生百分比	男女生總數	女生數	女生百分比
京師及京兆	七九、二二〇	四、一七二	五·二七	五、五六八	七六七	一三·七八
直隸	五一九、六七九	二二、二六五	四·二八	三四、八二四	一、三三八	三·八四
奉天	二九三、一五一	一七、四四八	五·九五	二七、三八〇	二、二四〇	八·一八
吉林	五五、四一九	四、一五七	七·五〇	六、五六二	六四三	九·八〇
黑龍江	四六、一九〇	四、一六一	九·〇一	四、七九七	七六九	一六·〇三
山東	七二八、〇四七	一五、七九七	二·一七	三八、四三九	一、八〇七	四·七〇
河南	二五七、一三九	六、五二二	二·五四	二二、五四八	一、〇三六	四·五九
山西	七三八、一九四	一二九、八八九	一七·六〇	四〇、五二九	二、七九二	六·八九
江蘇	三四三、一四三	三六、〇一九	一〇·五〇	四〇、八五六	五、五八三	一三·六三
安徽	七三、四四七	四、三九一	五·九八	一八、一七〇	七二八	四·〇一
江西	一八五、八五五	五、五九五	三·〇一	二二、七六五	四二〇	一·八四
福建	一一九、〇四八	三、七一三	三·一二	二五、七九六	七一九	二·七九
浙江	三七三、九二六	一九、七八一	六·〇九	三六、三六六	二、八四七	七·八三

湖北	一九〇、一六二	六、六二〇	三·四八	一五、七八八	一、三七一	八·六八
湖南	二七九、七二九	二二、八〇五	八·一五	三四、〇八七	一、五六九	四·六〇
陝西	一八八、九五九	三、五四四	一·八七	一七、八一五	一、四六九	八·二五
甘肅	一〇一、八一〇	一、八三二	一·七九	一二、〇九九	八八	〇·七三
新疆	三、〇六六	八六	二·七八	四六八	—	〇·〇〇
四川	五二四、九二五	二九、二〇九	五·五六	五〇、一一五	四、六八四	九·三五
廣東	三一一、九四四	一一、八四三	三·七九	六四、四七三	二、二五三	三·四九
廣西	一五九、〇五四	六、七二九	四·二三	二四、六八三	八七二	三·五三
雲南	一五五、二六〇	七、七六六	五·〇〇	二三、五六九	九一五	三·八八
貴州	五三、三五七	二、七二八	五·一一	一一、八九六	一三一	一·一〇
熱河	一五、四二一	九七三	六·三一	一、五〇一	九九	六·六〇
綏遠	七、九四三	一四四	一·八一	四三五	—	〇·〇〇
察哈爾	一〇、二八七	三七一	三·六一	八五〇	四二	四·九四
總數	五、八一四、三七五	三六八、五六〇	六·三四	五八二、四七九	三五、一八二	六·〇四

據同年調查，全國一、八一一縣中，無女子初等小學生者四二三縣，無女子高等小學生者一、一六一縣。見下表：

各省區無女子小學之縣數表

省區	每省之縣數	無女生初小縣數	無女生高小縣數
京兆區	20	1	12
直隸	120	4	61
奉天	57	8	21
吉林	37	5	20
黑龍江	35	8	17
山東	106	2	58
河南	108	20	78
山西	105	3	44
江蘇	60	1	16
安徽	60	13	41
江西	81	37	64
福建	62	28	58
浙江	75	3	16
湖北	69	9	47
湖南	75	24	48
陝西	91	37	83
甘肅	77	37	73
新疆	40	36	40
四川	146	5	60
廣東	94	30	71
廣西	80	27	69
雲南	101	15	67
貴州	80	64	70
熱河	15	——	13
綏遠	8	4	8
察哈爾	9	2	6
總計	1,811	423	1,161

十八年度，全國女子小學教育之量的方面，據教育部統計，如下列兩表：

各省市女子小學生數與小學生總數比較表

省市	初級小學 男女生總數	初級小學 女生數	初級小學 女生百分比	小學高級部 男女生總數	小學高級部 女生數	小學高級部 女生百分比
江蘇	五九七、七五三	一一二、八一三	一八・八七	五二、八三一	一三、九六一	二六・四三
浙江	五五五、〇六九	九七、三九七	一七・五五	四九、〇六二	七、四九四	一五・二七

安徽	一六七、六七五	二四、七五一	一四・七六	三三、二一七	五、七七八	一七・三九
江西	一五七、一六四	一八、〇一六	一一・四六	二〇、三五二	三、一一九	一五・三三
湖北	九七、九四二	一七、四六〇	一七・八三	一二、九五九	一、九六四	一五・一六
湖南	五八八、一五一	一一〇、九九九	一八・八七	四二、一三九	七、二一六	一七・二四
四川	八七一、〇六三	一一九、六九五	一三・七四	一〇〇、五三九	一九、四六四	一九・三六
雲南	一八六、七八一	一三、二六三	七・一〇	二六、〇〇九	四、三〇一	一六・五三
廣東	四〇一、四二六	四二、九四〇	一〇・七〇	一三〇、一一六	一九、八五三	一五・二五
山西	七九九、九七七	一六九、〇一六	二一・一三	三五、四九六	四、四二三	一二・四六
河南	五七六、九二七	四四、三七〇	七・六九	三四、六九五	四、三七四	一二・六一
河北	七一二、八八二	五〇、六七四	七・一一	四四、〇〇四	四、九一七	一一・一七
山東	三八六、三七一	四八、六八八	一二・六〇	六五、三二六	六、七七一	一〇・三六
遼寧	五四八、六四九	二一〇、三五三	三八・三四	五二、五五〇	一五、三〇六	二九・一三
吉林	一一六、〇四〇	一七、七一四	一五・二七	一五、三五六	二、三六八	一五・四二
黑龍江	六七、〇七二	八、一二七	一二・一三	六、八〇一	一、六四〇	二四・一一
熱河	二六、三八五	一、八一六	六・八八	二、二五九	一三四	五・九三
察哈爾	六三、五〇〇	四、一九六	六・六一	六、二〇八	九九四	一六・〇一

新疆	三、七〇五	二六五	七・一五	一、一二四	—	—
甯夏	五、七三五	二九一	五・〇七	七七〇	九	一・一六
東省特別區	一一、三三六	三、四〇三	三〇・〇二	二、〇四八	四五三	二二・一二
南京	一三、四六五	五、五八八	四一・五〇	二、三六六	九三七	三九・六〇
上海	九四、七六二	二六、四七一	二七・九三	一六、四〇九	四、七七四	二九・〇九
天津	一六、二六二	四、一五九	二五・五七	三、五七二	六三五	一七・七八
北平	二三、七五二	七、八五二	三三・〇六	一三、二六八	四、八〇〇	三六・一七
漢口	八、九五九	三、三八〇	三七・七三	二、四六七	八五九	三四・八二
青島	一一、一九八	二、六四〇	二三・五八	一、四八六	二五四	一七・〇九
威海衛	八、五八〇	八四九	九・八九	六五三	五九	九・〇四
總計	七、一一八、五八二	一、一六七、一八六	一六・四〇	七七四、〇八二	一三六、八五七	一七・六八

各省市小學女教職員統計表

省市	初級小學			小學高級部		
	男女總數	女	百分比	男女總數	女	百分比
江蘇	二〇、三七九	一、九七〇	九・六七	四、一三六	六六三	一六・〇三

浙江	二〇、二九三	一、〇一七	五・〇一	六、〇一一	一、〇四四	一七・三七
安徽	九、八八〇	七二一	六・二九	二、九一五	三九一	一三・四一
江西	九、四四三	二〇三	二・一五	一、五四四	一一七	七・五八
湖北	三、九三二	三六九	九・三八	一、〇四五	六九	六・六〇
湖南	三七、五八七	一、二八〇	三・四一	三、六七二	三六四	九・九一
四川	三五、九二六	二、六〇四	七・二五	一一、四四七	一、八四六	一六・一三
雲南	八、四六六	二八六	三・三八	一、〇五七	一〇六	一〇・〇三
廣東	二五、四二一	一、五八五	六・二四	八、四一四	九二一	一〇・九五
山西	三四、〇六二	二、一二三	六・二三	二、九一四	二九〇	九・九五
河南	二九、八一六	八六一	二・八九	二、六四七	一四九	五・六三
河北	三九、九九四	一、三五七	三・三九	二、八四一	二五〇	八・八〇
山東	三六、二四八	八二二	二・二七	三、七三五	三六一	九・六七
遼甯	一五、六三一	一、〇二九	六・五八	一、四二三	二〇一	一四・一三
吉林	三、五二二	三一九	九・〇五	八九五	一一三	一二・六三
黑龍江	二、〇八〇	二五六	一二・三一	四八四	一〇八	二二・三二
熱河	一、五三六	五三	三・四五	一九六	九	四・五九

察哈爾	三、六八七	一四八	四・〇一	四二〇	四七	一一・一九
新疆	一四〇	九	六・四三	六〇	—	—
甯夏	三二〇	二	〇・六二	一三四	—	—
東省特別區	四〇二	一〇五	二六・一二	二七三	一九	六・九六
南京	五八三	二三九	四〇・九九	一七三	五二	三〇・〇六
上海	三・六六八	一、一七三	三一・九八	一、六五四	五三一	三二・一〇
天津	六三七	一六〇	二五・一二	二四六	四八	一九・五一
北平	六七八	一一五	一六・九六	四三六	五八	一三・三〇
漢口	四〇七	一〇六	二六・〇四	一四九	四四	二九・五三
青島	二五七	五六	二一・七九	一七四	三八	二一・八四
威海衛	三一九	一七	五・三三	四九	三	六・一二
總數	三四五、三一四	一八、九八五	五・五〇	五九、一四四	七、八四二	一三・二六

十八年度（公元一九二九——三〇）女子小學生數共爲一百三十萬〇四千〇四十三人，占總數百分之十四强，較民元（公元一九一二）約增加十倍與民八（公元一九一九）比較十年中數量方面從二十一萬增至一百三十萬，百分比從四・五增至一四强約增三倍至四倍。

十八年度女生數量最大者爲遼甯，超過二十萬；其次爲山西，超過十五萬；最小爲新疆、甯夏，尚不及三。百男女生比例，以南京市爲最高，女生數占百分之四十以上；以新疆、甯夏爲最低，不及百分之五。大抵特別市和教育先進的省份，其男女生比例的差異，較爲減小。女教職員數，亦以都市比例較高，如南京、上海均在百分之三十至四十之間，餘如天津、北平、漢口、青島等市，也都在百分之十五以上三十以下，較中數（平均數）約大二倍至四倍。

幼稚園兒童數，據同年統計：

男女總數	女生數	女生百分比
三一、九六七	九、四九八	二九・七一

第二節　本期之女子中學教育

女子中學的成因　女子的中學教育，本期纔算開始。民國元年（公元一九一二）以前，光緒三十三年（公元一九〇七）以後，女子教育雖在學制上佔了一點地位，而那僅是一種兩性雙軌制，實際上又另外是一幅面目，不能和男子同等享受的，所以在那時只有女子師範學堂和女子小學堂。民國成立，學校系統從新釐定，打破舊有的兩性雙軌制，故中學一階段，女子便也有了平等享受的地位。

民國元年（公元一九一二）中學校令規定：『專爲女子設立之中學稱女子中學校，』是則女子中學教育已在學制上確定了牠的地位。女子中學教育，學制雖有規定，實際上，在五四運動以前，公家很少有女子中學的設立。所謂中學校令關於女子中學的規定者，却只是虛擬了八、九年之久，至多不過對私立女子中學有些制裁的效力而已。

五四運動以後，思想解放，且有幾所高等教育機關開放女禁，女子求知的慾望因而增高。但當時僅有小學校與女子師範學校兩級，女子中學爲數寥寥，現有學校實不足以供女子當前的需要。所以民國八年（公元一九一九）五月二十四日教育部通咨各省區謂：

『查現在各處女子高等小學畢業生，日見增多。本部現又就北京設立女子高等師範學校，女子中學校之設立實係要圖。各省區如未經設立女子中學校，應先就省區經費籌辦省立或區立女子中學校，以宏造就。……』

十年（公元一九二一）第六屆全國教育聯合會議決『促進男女同學以推廣女子教育，』呈請教育部採擇施行。是年七月，教育部乃訓令各省教育廳謂：

『據第六次全國教育會聯合會呈送議決促進男女同學以推廣女子教育案，查現時女學未甚發達，實由女子中學太少，應由本部通行各省速設女子中學，並於相當學校附設女子中等部，以資推廣。惟中等學校男女同校，現尚未便照准。……』

因此，是年乃有小規模的女子中學教育，如江蘇以無錫競志女學作為代用中學，於第一女子師範和第二女子師範附設女子中學班；山東於濟南女子職業學校添設女子中學班等等，都是那個時期的產物。

在當時，教育部雖沒有明文准許中等學校男女同校，而實際上實行男女同校的中學校，却也不在少數。

組織及行政　元年（公元一九一二）中學校令規定男女學校分別設立，修業年限均為四年。中學以省立為原則，但也准許縣立和私立。雖然，在學制方面，已確認女子中學教育的地位，可是實際上，學制公布後八、九年間，並無什麼公家女子中學校的設立，所以這種規定也不過是一紙具文罷了。

五四運動後，女子中學教育漸見發達。十一年（公元一九二二）新學制公布，眞正的不分性別的單軌制建立起來，男子的中學系統也就是女子的中學系統了。新學制增中學校修業年限為六年，分初中高中兩級，採三三制。但依設科性質也得用四二或二四制。十七年（公元一九二八）學校系統案對於新學制所定的中學校組織，無甚變更。至於學校內部的行政組織，據二十二年（公元一九三三）中學規程規定：中學設教導主任一人，處理教務、訓育事項；六學級以上之中學，得設教務、訓育、事務主任。是則三主任制仍為一般通行的學校行政組織了。

課程　元年（公元一九一二）十二月，公布中學校令施行細則，定女子中學校學科為修身、國文、外國語、歷史、地理、數學、博物、物理化學、法制經濟、圖畫、手工、家事園藝、縫紉、樂歌；體操。次年三月教育部並根據上定學科頒布中學校課程標準如下表：

中學校課程標準

學科＼學年	第一學年 每週時數	第一學年	第二學年 每週時數	第二學年	第三學年 每週時數	第三學年	第四學年 每週時數	第四學年
修身	一	持躬處世　待人之道	一	對國家之責務　對社會之責務	一	對家族及自己之責務　對人類及萬有之責務	一	倫理學大要　本國道德之特色
國文	七	講讀　作文　習字　楷書行書	男七 女六	講讀　作文　文字源流　習字同前學年	五	講讀　作文　文法要略　習字同前學年	五	講讀　作文　文法要略　中國文學史　習字行書草書
外國語	男七 女六	發音　讀音　默寫　文法　拼字　譯解　會話　習字	男八 女六	讀法　譯法　默法　造句　會話　文法	男八 女六	讀法　譯解　會話　作文　文法	男八 女六	讀法　譯解　會話　作文　文法　文學要略
歷史	二	本國史　上古　中古　近古	二	本國史　近世　現代	二	東亞各國史　西洋史	二	西洋史
地理	二	地理概要　本國地理	二	本國地理　外國地理	二	外國地理	二	自然地理概要　人文地理概要
數學	男五 女四	算術　代數	男五 女四	代數　平面幾何	男五 女四	代數　平面幾何	男四 女三	平面立體幾何　平三角大要
博物	三	植物　普通植物之形態分類解剖生理生態分佈應用等之大要　動物　普通動物之形態分類解剖生理習性分佈應用等之大要	三	動物同前學年　生理及衛生之構造　個人衛生　公衆衛生	二	鑛物　普通鑛物及岩石之概要　地質學之大意		
物理化學					四	物理　力學　熱學　光學　電學　物性　音學　磁學	四	化學　無機化學　有機化學大意

法制經濟							二	法制大要　經濟大要
圖畫	一	自在畫　臨畫　寫生畫	一	同前學年	一	自在畫　臨畫　寫生　用器畫　幾何畫	男二 女一	自在畫　意匠畫　用器畫　幾何圖
手工	一	竹工木工	一	木工　粘土細工	一	粘土　石膏　細工　金工	一	同前學年　工業大意
家事園藝			女二	家事整理　家事衛生　飲食物之調理實習（洗濯烹飪等）　蔬果花木培養法　庭園構造法實習	女二	侍病　育兒　家產經理　家計簿記實習（洗濯烹飪救急療法等）　同前學年　實習	女二	同前學年　實習（烹飪救急療法）
縫紉	女二	初步技術之練習　普通衣服之縫法　裁法　補綴法	女二	同前學年	女二	同前學年	女二	同前學年
樂歌	一	基本練習　歌曲	一	同前學年　樂典	一	同前學年	一	基本練習　歌曲樂器
體操	男三 女二	普通體操　兵式訓練	男三 女二	同前學年	男三 女二	同前學年	男三 女二	同前學年
合計	男三三 女三二		男三四 女三三		男三五 女三四		男三五 女三四	

備考

（一）女子中學校缺三角法其餘學科程度比照學期時數酌定並得展長算術教授時數至五學期以內而減少代數幾何之時數

（二）女子手工授編物刺繡摘棉造花等照所定時數分配

（三）女子中學校免課兵式體操可代以舞蹈游戲照所定時數分配

此次所定課程，男女中學不同之點：

（一）男子中學無家事園藝及縫紉；
（二）女子中學數學可減去三角法；
（三）女子中學手工限於編物、刺繡、摘棉、造花等，男中則異是；
（四）女子中學體操免課兵式；
（五）各學年每週教學時間，女校均少於男校。

八年（公元一九一九）四月，教育部通令各省區中學校得酌量地方情形增減部定科目及時間，於是，中學自由改制，各校相繼採用選科制或分組制，課程漸形紛歧。這裏，且舉北京女子高等師範學校附屬中學爲例，該校自八年（公元一九一九）起採用全國中學校長會議的決議案，設第一部及第二部，前者爲志願升學者而設，後者爲志願從事職業者而設。兩部課程稍有出入，茲示其課程表如次：

北京女高師附屬中學第一部課程表

學科＼學年＼程度	第一學年	每週時數	第二學年	每週時數	第三學年	每週時數	第四學年	每週時數
修身	道德要旨 禮儀實習	一	同前學年	一	同前學年	一	道德要旨 法制經濟概要	一
國文	講讀及文法 作文	七	同前學年	六	同前學年	五	同前學年	五
習字	楷書	一	楷書行書	一	同前學年	一	行書草書	一

北京女高師附屬中學第二部課程表

外國語	發音 拼字 讀法 譯解 默寫 會話 文法 習字	六	讀法 譯解 默寫 造句 會話 文法	六	讀法 譯解 會話 作文 文法	六	讀法 譯解 會話 作文 文法	五
歷史及地理	本國地理	三	本國歷史	三	外國地理	二	世界史	二
數學	算術 珠算	四	算術 代數	四	代數 幾何	四	代數 幾何	四
博物	植物 動物 實驗	三	生理及衛生 動物 實驗	三	生理及衛生 礦物及岩石 實驗	二		
物理及化學					物理 化學 實驗	四	物理 化學 實驗	四
教育							應用心理 教育大意	二
圖畫	自在畫 寫生畫	一	同前學年	一	自在畫 用器畫	一	自在畫 用器畫 考案畫	一
手工	應用手工	一	同前學年	一				
家事園藝			衣食住 整理及衛生 實習	二	侍病 育兒 經理家產 家計簿記 實習	二	烹飪法 蔬果花木等培養法 庭園構造法 實習	三
縫紉	普通衣類之裁法 縫法 補綴法	二	同前學年	二	同前學年	二	同前學年	二
樂歌	基本練習 歌曲 樂典	一	同前學年	一	同前學年	一	同前學年 練習樂器	一
體操	徒手操 器械操 游戲舞蹈	二	同前學年	二	同前學年	二	同前學年	二
總計		三三		三三		三三		三三

學科＼程度學年	第一學年	每週時數	第二學年	每週時數	第三學年	每週時數	第四學年	每週時數
修身	道德要旨 禮儀實習	一	同前學年	一	同前學年	一	道德要旨 法制經濟概要	一
國文	講讀及文法 作文	七	同前學年	六	同前學年	五	同前學年	五
習字	楷書	一	楷書行書	一	同前學年	一	行書草書	一
歷史及地理	本國地理	三	本國歷史	三	外國地理	二	世界史	二
數學	算術 珠算	四	算術 珠算	四	代數初步 幾何初步	三	代數初步 幾何初步	三
博物	植物 動物 實驗	三	生理及衛生 動物 實驗	三	生理及衛生 動物 實驗	二		
物理化學					物理化學 實驗		家庭應用理化學 實驗	四
教育							應用心理 教育大意	二
圖畫	自在畫 寫生畫	一	同前學年	一	自在畫 用器畫	一	自在畫 用器畫 考案畫	一
手工	各種應用手工	二	同前學年	二	同前學年	二	同前學年	二
家事園藝	衣食住 整理及衛生 洗濯法 實習	二	侍病 育兒 經理家產 家庭醫學大要 實習	四	家計簿記 家庭醫學大要 烹飪法 實習	四	烹飪法 蔬果花木等之培養法 庭園構造法 實習	四
縫紉	普通衣類之裁法 縫法 補綴法	二	同前學年	二	同前學年	二	同前學年	二
樂歌	基本練習 歌曲樂典	一	同前學年	一	同前學年	一	同前學年 練習樂器	一
體操	徒手操 器械操 游戲舞蹈	二	同前學年	二	同前學年	二	同前學年	二

外國語	發音 拼字 讀法 譯解 默寫 會話 文法 習字	三	讀法 造句 譯解 會話 默寫 文法	二	讀法 作文 譯解 文法 會話	二	同前學年	二
總計		三三		三三		三三		三三

新學制既經頒行，十二年（公元一九二三）全國教育聯合會乃擬訂新學制課程標準綱要，關於初高中必修學程規定如下表：

初中必修學分表

學科		學分
社會科	公民	六
	歷史	八
	地理	八
言文科	國語	三二
	外國語	三六
算學科		三〇
自然科		一六
藝術科	圖畫	
	手工	一二
	音樂	

高中公共必修學分表

科目	學分
國語	一六
外國語	一六
人生哲學	四
社會問題	六
文化史	九
科學概論	六

科目		學分
體育科	生理衛生	四
	體育	一二
共計		一六四

科目	學分
體育 （一）衛生法 （二）健身法 （三）其他運動	一〇
共計	六七

高中普通科又分兩組：第一組注重文學及社會科學，第二組注重數學及自然科學，除共公必修學程外，尚有分科專修（必修與選修）及純粹選修學程，畢業學分總額定爲一百五十。

課程標準綱要對於中學課程規定的特色，是分科制和學分制的確定，這當然是受了美國教育思潮的影響。這次所擬綱要，雖未經成爲法令，而實際上確爲一般學校所採用——即在前數年各校仍多沿用。

十八年（公元一九二九）秋，教育部頒布中小學課程暫行標準，規定中學校科目如下表：

初級中學科目及學分表

科目	學分
黨義	六
國文	三六
外國語	二〇（或三〇）
歷史	一二

高中普通科科目及學分表

科目	學分
黨義	六
國文	二四
外國文	二六
數學	一九

地理	一二
算學	三〇
自然科	一五
生理衞生	四
圖畫	六
音樂	六
體育	九（包括國術）
工藝	九
職業科目	一五（或五）
黨童軍	不計學分
總計	一八〇

本國歷史	六
外國歷史	六
本國地理	三
外國地理	三
物理	八
化學	八
生物學	八
軍事訓練	六
體育	九
選修科目	一八
總計	一五〇

二十二年（一九三三）三月，教育部公布中學規程，規定中學課程如下列兩表：

初級中學各學科每週教學及自習時數表

學期／時數／科目	第一學年		第二學年		第三學年	
	一學期	二學期	一學期	二學期	一學期	二學期
公民	二	二	二	二	一	一

體育	衛生	國文	英語	算學	自然（分科制）				歷史	地理	勞作	圖畫	音樂	每週教學總時數	每週在校自習總時數
					植物	動物	化學	物理							
三	一	六	五	四	二	二			二	二	二	二	二	三五	一三
三	一	六	五	四	二	二			二	二	二	二	二	三五	一三
三	一	六	五	五			四		二	二	二	二	一	三五	一三
三	一	六	五	五			三		二	二	二	二	一	三四	一四
三	一	六	五	五				四	二	二	四	一	一	三五	一三
三	一	六	五	五				三	二	二	四	一	一	三四	一四

高級中學各學科每週教學及自習時數表

科目＼時數＼學期	第一學年 一學期	第一學年 二學期	第二學年 一學期	第二學年 二學期	第三學年 一學期	第三學年 二學期
公民	二	二	二	二	二	二
體育	二	二	二	二	二	二
衞生		二				
軍訓	三	三	三	三		
國文	五	五	五	五	五	五
英語	五	五	五	五	五	五
算學	四	四	三	三	四	二
生物學	五	五				
化學			七	六		
物理					六	六
本國史	四	二	二			
外國史				二	二	二
本地	二	二	二			

外地				二	二	二
論理						二
圖畫	一	一	二	二	二	二
音樂	一	一	一	一	一	一
每週教學總時數	三四	三四	三四	三三	三一	三一
每週課外運動及在校自習總時數	二六	二六	二六	二七	二九	二九

教學與訓育　實際上，在中學無教學法之可言，只有教而沒有學，學生只管像被注射似的讓教師把知識灌注到腦子裏去。所謂『自學』或『自動的研究』，不但在民國初年談不到，就是現在也很少學校能夠做得有效。這原因，一面固由於中學教學法研究的幼稚，一面也是由於教師的缺乏教學能力。目前在中國關於中學師資訓練的機關，爲師範大學、大學教育學院及大學教育學系。嚴格點說，大學教育學院和教育學系乃是一種側重於教育研究的場所，牠所要養成的也是教育學術的『研究者』；若以之充任中學教師，則對於中學學科的知識本非深究，自不能有十分完善的效果。至於以專門研究自然科學的人充任自然科教師，研究文法科的人充任工具學科和社會學科教師，那末他們毫無教學的訓練，其結果那更是不必問的了。而在中國，一般的中學教師都缺乏此種教學的訓練，所以教學法之在中學，簡直是談不到

的。

至於中學女生的訓育，因爲禮教的傳統觀念沒有打破，比男校學生自然要嚴厲得多。現在，負訓育責任的人名義上雖從『監學』改爲『訓育主任』或『教導主任』，而實際上仍是注重在看監似的消極的管理或監督，尚未注意到積極的指導——當然這也有些例外。所以對於女子的訓育都只在一個方針——封鎖政策——下實施着，不過現在的封鎖程度低一點罷了。

民初女校有種『對牌』制度，家庭接學生回去時，須拿對牌對明方准出校。這制度到現在在有些學校仍然存在，不過改『對牌』爲『留宿證』。留宿證是一隻紙摺子，星期假日家庭接學生回家時，須在摺上蓋家長印章，拿到學校裏對明印鑑再蓋上訓育處圖章，這纔算辦完了這筆手續。『終日防學生如同防賊一般，不但不准學生打電話，並且還要拆看學生的家信——學生收信發信，均須由學監舍監拆閱——這眞簡直不當學生是「人」了。』（女高師附屬中學少年世界一卷七期）這現象而今猶爲普遍。再如白天學生不准出屏門一步（內地女校大門後多有屏門），晚間鎖閉寢室總門，防止有人出入……等，這類訓育方法，在目前我會看到許多女校都在暗地裏嚴厲的實施。

統計　在五四運動以前，女子中學教育尚在萌芽期內，數量方面，非常之少。據教育部第五次全國教育統計，五年八月至六年七月（公元一九一六——一七）的一年中，女子中學學生數爲七二四人，其分配情形：京兆一三五人，黑龍江四二人，江蘇四二九人，福建八二人，湖北三六人。占中學生總數百分之一·二，男生數大於女生數八十二倍强。

又據中華教育改進社調查民八（公元一九一九）以前，政府設立的女子中學僅有九所，學生六二二人，教職員一三二人。雖當時調查容有遺漏，然亦可見那時期女子中學教育之不發達了。

民國十二年（公元一九二三），據中華教育改進社調查十一年度全國女子中學生數如下表：

全國中學校女生數與學生總數比較表

省區	男女生總數	女生數	女生百分比
京師及京兆	五、四六九	八二三	一五·〇五
直隸	七、四八〇	四六	〇·六一
奉天	三、七一二	一五四	四·一五
吉林	九六〇	—	〇·〇〇
黑龍江	六二九	三五	五·五六
山東	六、二九一	九二	一·四六
河南	三、〇三六	—	〇·〇〇
山西	六、九一〇	—	〇·〇〇

江蘇	九、二一六	九五三	一〇・三四
安徽	一、九三八	一八	〇・九三
江西	四、一六五	—	〇・〇〇
福建	三、七七三	一一一	二・九四
浙江	五、一三一	一二〇	二・三四
湖北	五、五二四	一八六	三・三七
湖南	八、九五三	八六	〇・九六
陝西	一、八二九	—	〇・〇〇
甘肅	七七七	—	〇・〇〇
新疆	—	—	〇・〇〇
四川	九、五八一	—	〇・〇〇
廣東	九、一〇七	四六八	五・一四
廣西	三、九二一	—	〇・〇〇
雲南	二、九四〇	一五七	五・三四
貴州	一、六六四	—	〇・〇〇
熱河	一七八	—	〇・〇〇

綏遠	一〇二	—	〇・〇〇
察哈爾	九九	—	〇・〇〇
總數	一〇三、三八五	三、二四九	三・一四

從上表看來，十一年度全國女子中學生數為三千二百四十九人，占中學生總數百分之三・一四，男生數大於女生數三十倍強。且在全國二十六省區中無女子中學生者達十三省區，占百分之五十。

十八年度（公元一九二九——三〇）據教育部統計，全國女生數如下：

	女生數	男女生總數	女生百分比
中學校	一九、二九四	一〇六、九〇一	
初級中學	一三、七七九	一四一、七六七	
總計	三三、〇七三	二四八、六六八	一三・三〇

十八年度女子中學生數最多之省分為江蘇，有五二九四人；次為浙江、湖南，各有二千五百餘人，最少者為綏遠，僅有二十二人。無女子中學生者，則有黑龍江、新疆、西康、青海、甯夏六省。

據教育部統計，十九年度（公元一九三〇——三一）全國女子中學教育概況如左列各表：

各省市中學男女生數比較表

省市	高中男生數	高中女生數	初中男生數	初中女生數
江蘇	三、四四三	七〇四	一八、八〇三	五、九七七
浙江	一、五四三	二四三	一二、九三九	三、四一九
安徽	七〇五	六九	六、六八六	一、四三七
江西	一、四六五	二一九	八、四二七	一、二五〇
湖北	一、二五七	三〇九	八、八三五	二、〇九四
湖南	八五二	二八三	一九、八八九	三、〇一三
四川	二、七九四	二一二	三七、三七九	六、六三四
福建	一、六三二	三七六	一〇、五七一	二、二六七
雲南	一二八	—	五、六四八	五六三
貴州	二五四	五	三、五一一	七二三
廣東	二、六七九	四二二	三八、六四三	四、四四六
廣西	六〇三	七五	一四、一六三	一、三五八
陝西	八〇九	八〇	二、一九一	四
山西	九六七	三三	九、〇四三	四五八
河南	八八四	二一	一三、一一八	八六〇

河北	一、八四八	一九七	一三、〇六四	九六三
山東	一、〇〇七	一二二	一二、〇四九	一、九六七
甘肅	一三六	—	一、六七〇	九八
寧夏	—	—	八一	—
青海	—	—	一八八	—
新疆	—	—	一五〇	—
遼寧	二、一五〇	四五五	一六、〇二五	一、九九一
吉林	一二八	—	三、四八八	七二九
黑龍江	九六	—	一、〇八七	—
綏遠	一一二	—	二二九	—
熱河	—	—	三二三	—
察哈爾	六五	—	五〇三	一二四
西康	—	—	—	—
東省特別區	二二一	—	一、二二三	二二六
南京	一、五一八	二六一	三、四八二	九〇五
上海	五、九一三	一、四九八	一四、一九二	五、四三六
北平	四、四二〇	九九一	七、六九七	二、八九〇

青島	二六二	一〇五	一、〇一六	三二四
威海衛	—	—	三六七	一五
總數	三七、八九一	六、六八〇	二八六、六八〇	五〇、一七一

各省市中學兼收女生校數表

省市	中學	初級中學	總數
江蘇	二一	三八	五九
浙江	六	三三	三九
安徽	一	一四	一五
江西	一四	一五	二九
湖北	六	八	一四
湖南	一	一	二
四川	七	一六	二三
福建	一四	三四	四八
雲南		二	二
貴州	一	二	三

觀前表，十九年度（公元一九三〇——三一）全國女子中學生數比例如左：

	女生數	中學生總數	女生百分比
廣東	六〇	四七	一〇七
廣西	六	三〇	三六
陝西	一		一
山西	八	七	一五
河南	三	六	九
河北	二	八	一〇
山東	一〇	三三	四三
察哈爾	一		一
南京	五	七	一二
上海	二二	二三	四五
北平	一七	七	二四
青島	一	一	二
威海衛	一		一、
總數	二〇八	三三二	五四〇

高中	六、六八〇	四四、五七一	一四·九九
初中	五〇、一七一	三三六、八五一	一四·八九
總數	五六、八五一	三八一、四二二	一四·九四

一百個中學生中有女生十五人男生數幾六倍於女生然與十一年度（公元一九二二——二三）比較，中學女生由三、二四九增至五六、八五一人，約增加十六倍强比例數由三·一四增至一四·九四，在數量，方面不可謂不有相當進步了。即與十八年度（公元一九二九——三〇）比較，一年中女生數亦增加二萬三千七百七十八人。

至於中學女教職員數，據同年統計如下表：

	中學	初級中學	總數
女教員數	一、五六五	一、一一〇	二、六七五
女職員數	五二一	五八〇	一、一〇一
總數	二、〇八六	一、六九〇	三、七七六

第三節　本期之女子高等教育

女子高等教育的先驅　高等教育，清末卽有舉辦，迨民國成立，更頒新令，以『教授高深學術，養成碩學宏材，應國家需要爲宗旨』然都不及於女子。雖元年（公元一九一二）訂有女子高等師範章程，却也是虛設了八年之久。所以五四運動以前，在高等教育方面，女子簡直沒有一點地位。

在另一方面，國家雖無女子高等教育機關的設立，而教會女校却做了中國女子高等教育的先驅。嶺南大學自一九〇五年起卽已兼收女生，這不僅開中國女子享受大學教育的先河，却也爲後來男女同學的濫觴。稍後，除掉嶺南大學仍舊繼續招收女生外，復有三所專爲女子而設的女子大學相繼成立。這三所大學都爲教會所設：一爲北京協和女子大學，創辦於宣統元年（公元一九〇九），後歸併協和大學實行男女同學制，改稱燕京大學；一爲南京金陵女子大學，創辦於民國四年（公元一九一五）；一爲福州華南女子大學，創辦於民國三年（公元一九一四），爲初級大學性質。此外，尙有北京協和女醫校及廣州夏葛醫科大學兩所，也是專爲女子而設的高等教育場所。

這裏，且舉金陵女子大學當日的實況，略爲敍述一點，以見一斑。

當初，金陵女子大學共分文理兩科，兩科課程除共同必修者外，餘各就科別和個性所近自由選讀，但每年每學生須讀十八學分（當時稱爲單位），四年共須讀完七十二學分始可畢業，茲示其科目及學分如下：

（甲）必修科

（一）一年級必修科

科目	中文	聖書	生理學	英文	化學	總計
學分	五	三	二	五	三	一八

（二）二年級必修科

科目	中文	聖書	英文	總計
學分	五	三	四	一二

（三）三年級必修科

科目	中文	聖書	英文修辭學	總計
學分	五	三	一	九

（四）四年級必修科

科目	中文	聖書	英文修辭學	總計
學分	二	三	一	六

（乙）選修科（一年級不能選讀）

（一）文科選修科

中文學　英文文學　各國文學　哲學　教育學　社會學　經濟學　歷史

心理學　道學（聖經）

（二）理科選修科

化學　動物學　植物學　物理學　天文學　算學　美術學

教會學校，雖然免不了含有宣傳宗教的意味，但在中國，確爲女子高等教育闢了一條蹊徑，若沒有這一條先驅的路線，中國女子高等教育怕還須遲後若干年月，雖然還有別的成因。

女子高等師範　國家正式設立的女子高等教育機關，北京女子高等師範要算是第一所了。女子高師爲北京女子師範學校改成。民國六年（公元一九一七）北京女子師範學校開辦國文教育專修科一班，次年又開辦手工圖畫專修科及博物專修科兩班，以爲改建女子高等師範的準備。國文教育專修科設倫理、教育、心理、國文、歷史、地理、體操、音樂、日文等科目；手工圖畫專修科設倫理、心理、圖畫、手工、國文、數學、物理、音樂、體操等科目；博物專修科設倫理、教育、植物、動物、生理、礦物、地質、圖畫、體操、音樂、英語等科目。到民國八年（公元一九一九）四月二十三日，北京女子師範學校正式奉令改爲國立北京女子高等師範學校，女子高等教育機關這纔是第一次的實現。

據八年（公元一九一九）三月十二日教育部頒布的女子高等師範學校規程所定，女子高等師範學校設本科及預科，此外並得設選科、專修科、研究科。本科分文科、理科及家事科。文科所習學科爲倫理、教育、國文、外國語、歷史、地理、家事、樂歌、體操；理科所習學科爲倫理、教育、國文、數學、物理、化學、植物、動物、生理、衞生、地質、外國語、家事、圖畫、樂歌、體操；家事科所習學科爲倫理、教育、國文、家事、應用理科、縫紉、手藝、手工、園藝、圖畫、外國語、樂歌、體操。修業年限：預科一年，本科三年，研究科一年或二年，專修科選科二年或三年，與男子高等師範學校相等。

實際上，當時（八年七月）北京女子高等師範學校的組織，分爲四部：國文部，數物化部，博物部和家事部。除國文部有本科生一班外，餘均爲預科生，此外尙有補修科、圖畫手工專修科、保姆講習科、師範本科等在內。九年（公元一九二〇）又復改組，設十學系：（一）教育哲學系，（二）中國文學系，（三）西洋文學系，（四）歷史學系，（五）數學物理學系，（六）物理化學系，（七）動物學地質學系，（八）家政學系，（九）體育系，（十）音樂系。據同年調查，學生數爲二百三十六人，附屬中學學生三百二十人，附屬小學及幼稚園兒童數百人。

這裏，我們且看看當時男子高等教育的狀況：所有大學和各省高等學堂爲男子所獨有，姑不必說，即就男子高等師範而論，民國四年（公元一九一五）已有高等師範學校十所，學生一、九一七人，七年（公元一九一八）各省高師雖多停辦，而仍有學校七所，學生且增至二、四〇三人，比起女子教育來當然是進步得多多。不過，這也是過去歷史的結果。本期女子能够在高等教育方面佔有地位，以打破數千年來『男尊女卑』的舊觀念，確已是值得歌頌的事了！

五四後的女子高等教育　五四運動以後，北京大學首開女禁，繼之南京高等師範、北京高等師範、廣東高等師範及其他公私立大學都相繼兼收女生，男女同學的難關，到此已完全打破。女子在高等教育的階段上，也已佔有和男子同等的地位了。

據民十一（公元一九二二）調查，除國立北京女高師及私立金陵女子大學、夏噶醫學院，爲女子專校外，兼收女生的有下列各校：

國立的	省立的	私立的
北京大學	天津河北大學	北京中國大學
北京師範大學	武昌外國語專	北京平民大學
北京法政大學	廣東法政專門	北京新華大學
北京農業大學	雲南東陸大學	北京新華商專
北京工業大學		南京金陵大學

北京醫科大學

北京美術專門

南京東南大學

上海商科大學

武昌高等師範

廣東高等師範

天津南開大學

上海南方大學

上海美術專門

上海中國公學

江西豫章法專

武昌中華大學

長沙自修大學

長沙達才法專

長沙羣治法專

廣州嶺南大學

廈門廈門大學

大學女禁既開，風氣已成；再加以國民革命的北伐狂潮，更掀動了婦女運動的波瀾，女子求知的欲望，因亦較前更盛。到現在差不多全國各大學、獨立學院及專科學校都已是男女生兼收了。所以，近十年來，女子高等教育、比較的有相當進步。在質的方面，女子也已漸能表現其本身的才性，從事於社會的各種活動

（教育及社會制度若能改善，女子人才必更勝於現在，）雖然在數量方面，還沒有男子那樣多。

單設的女子高教機關　在目前，除了各大學、獨立學院專科學校多兼收女生外，尚有幾所專爲女子設立的高等教育機關，我們不能不在此地補述一下。

民國十一年（公元一九二二）新學制系統改革案第二十一條規定得設立單科大學，二十二條附註：『依舊制設立之高等師範學校，應於相當時期內提高程度，收受高級中學畢業生，修業年限四年，稱爲師範大學。』此案頒布後各高等師範學校都次第昇格改爲大學。北京女子高等師範因亦於次年改爲國立北京女子師範大學，是爲中國最早的國立女子大學。其宗旨：（一）養成中等學校師資；（二）養成教育行政人員；（三）研究高深學術；（四）發展女性特長。當時分設教育、心理、國文學、英文學、史地、數學、物理、物理化學、博物等學系。

民十四年（公元一九二五）八月，教育部解散國立女子師範大學，同時組織國立北京女子大學，同年十二月，又恢復女子師範大學而使兩校並存。次年合併國立北京女子師範大學及國立北京女子大學，改組爲國立北京女子學院，內分師範大學部（卽女子師範大學所改）及大學部（卽女子大學所改。）民十六（公元一九二七）北京教育部又合併國立北京大學、北京師範大學、北京女子學院師範大學部及大學部、法政大學、農業大學、醫科大學、工業大學及藝術專校等九校，改組爲國立京師大學。就合併各校性質分爲十部，名女子學院師範大學部爲國立京師大學女子第一部，名大學部爲京師大學女子第二部。十七年（公元一九二八）六月，國立北平大學成立，京師大學女子第一部改爲北平大學女子師範學院，女子第二部爲北平大學女子文理學院分院。十八年（公元一九二九）大學區制廢，政府准許北京大學恢復獨立；並令師範大學與女子師範學院合併，稱國立北平師範大學。餘各校仍併入北平大學，女子文理學院分院廢除分院名稱，改稱北平大學女子學院，二十年（公元一九三一）二月又改稱北平大學女子文理學院。女子文理學院雖爲北平大學的一部，然這一部却是單獨存在的專爲女子而設的女子學院，故仍可認爲是單設的女子高等教育機關。

國立北平大學女子文理學院分文、理兩科：文科分設國文學系，英文學系，哲學系，經濟學系，史學系，音樂系等；理科分設數學系，物理學系，化學系，體育系等。據二十年度統計，共有學生一四四人。

單設的女子高等教育機關，除北平大學女子文理學院而外，尚有省立河北女子師範學院，私立金陵女子文理學院及夏噶醫學院等校。

河北女子師範學院爲河北省立第一女子師範學校改設，成立於民國十八年（公元一九二九）。當時僅設國文、家政兩學系。次年暑期，增設英文學系，史地學系。二十年度又增設教育學系及音樂體育學系。現該學院共有六系，學生二二五人（據二十年度統計）。

私立金陵女子文理學院，原爲金陵女子大學，民十九（公元一九三〇）始改今名。該學院分設文理兩科，文科設中國文學系英文文學系歷史學系政治學系社會學系哲學系經濟學系教育學系音樂系；理科設生物學系化學系數理系地學系體育系，外並設體育專修科。二十年度統計有學生一九二人。

夏葛醫學院創辦於光緒二十五年（公元一八九九），爲美國醫士富馬利所辦，初名廣東女子醫學堂，光緒三十一年（公元一九〇九）夏葛氏捐助校舍數座，因改名夏葛醫科大學。民國十四年（公元一九二五）更名夏葛醫學院，定七年制：預科兩年，本科四年，實習一年。二十一年（公元一九三二）廢止預科，改本科爲六年，實習一年。該學院分內科、外科、婦科、產科、兒科、眼耳喉鼻科、藥劑科等。二十年度統計，有學生四九人。

此外，尚有未經立案之首都女子法政學院、成都女子法政學院及華南女子學院，也都是單設的女子高等教育機關。

統計　民國八年（公元一九一九），北京女子高等師範學校成立，是爲女子有高等教育之始。雖在前有教會設立的大學招收女生，但性質不同，自不能認爲是中國的女子高等教育機關。故在統計方面，也只好以民八以後爲限。

據民國九年（公元一九二〇）調查，全國僅有女子高等師範學校一所，學生二三六人十一年度（公元一九二二——二三），據中華教育改進社調查，全國大學女生數統計如左表：

全國大學校男女校數及學生數統計表

學校種類	校數			學生數		
	男	女	百分比	男女總數	女生數	女生百分比
大學	三四	一	二・九四	一三、一二三	四三一	三・二八
高等師範	七	一	一四・二九	三、〇九三	二八四	九・一二
農科大學	七	—	—	一、二七一	—	—
工科大學	一三	—	—	二、〇二六	八	〇・三九
商科大學	八	—	—	一、八九〇	三	〇・一六
醫科大學	七	—	—	八三二	一七	二・〇四
法科大學	三三	—	—	一〇、八六四	一三	〇・一二
其他	一四	—	—	一、七八一	一三一	七・三五
總計	一二三	二	一・六三	三四、八八〇	八八七	二五・四〇

十七年度（公元一九二八——二九）全國大學女生數，據教育部統計如左：

大學女生數	大學生總數	女生百分比

一、四八五	一七、二八五	八・五九％

一百個大學生中女生所占尚不及九人。至專門學校女生亦僅占男女生總數百分之六・八六。

十八年度（公元一九二九——三〇）及十九年度（公元一九三〇——三一）全國大學女生數如下表：

全國大學各學院及專修科女生數統計表

年度＼院別	文學院	理學院	法學院	教育學院	農學院	工學院	商學院	醫學院	專修科	合計	占同等男生百分數
十八年度	九九六	二七三	三一九	三七四	二九	三二	九四	一一六	二八七	二、五二〇	九・八八
十九年度	一、二六七	三四一	四九四	四八八	三二	四五	一七四	一五二	三一七	三、二八三	一〇・八一

觀上表，可知各學院女生數以文學院爲最多，兩年度均各占全數三分之一以上；以農學院爲最少，十八年度僅占百分之一，十九年度尚不及百分之一。

二十年度（公元一九三一——三二），據教育部統計，全國女子高等教育概況如左列兩表；

專科以上學校有女生之校數表

種類＼立別＼數量	國立		省立		私立	
	校數	有女生之校數	校數	有女生之校數	校數	有女生之校數

大學	獨立學院	專科學校	總計
一三	五	二	二〇
一三	三	二	一八
九	一一	一三	三三
七	六	四	一七
一九	一八	一〇	四七
一七	一七	九	四三

專科學校尚有公立五所未計入內，有女生者一所。

全國專科以上學校女生數與總數比較表

種類 \ 學生數		男女生總數	女生數	女生百分比
大學	國立	13，173	1，834	
	省立	4，458	205	
	私立	9，465	1，276	
	合計	27，096	3，315	12.23
獨立學院	國立	691	11	
	省立	1，664	310	
	私立	9，951	1，015	
	合計	12，306	1，336	10.86
專科學校	國立	72	14	
	×省立	1，938	40	
	私立	2，755	505	
	合計	4，765	559	11.73
總數		44，167	5，210	11.79

×公立專科學校五所學生數併入省立欄計算

全國專科以上學校，大部份都是男女生兼收，其無女生者僅下列各校：（據二十年度統計）

大學方面：

國立的（無）

省立的——

廣西大學（梧州）

東北交通大學（錦州）

私立的——

輔仁大學（北平）

震旦大學（上海）

獨立學院方面：

國立的——

北洋工學院（天津）

中法國立工學院（上海）

省立的——

河北工業學院（天津）
甘肅學院（蘭州）
河北農學院（保定）
湖北教育學院（武昌）
新疆俄文法政學院（迪化）

私立的——
焦作工學院（河南焦作）

專科學校方面：

國立的——（無）

省立的——
廣東工業專科學校（廣州）【現改勷勤大學工學院】
山西工業專科學校（太原）
山西農業專科學校（太原）
江西工業專科學校（南昌）

山西商業專科學校（陽曲，新滿城）

江西農藝專科學校（南昌）

江西法政專門學校（南昌）

察哈爾農業專門學校（張家口，土耳溝）

廣西法政專門學校（桂林）【現已停辦】

公立的——

稅務學校（北平，上海）

吳淞商船學校（上海）

北平警官高等學校（北平）

上海獸醫專科學校（上海）

私立的——

中山體育專科學校（蘇州）

至於數量上，二十年度較十八、十九兩年度幾增加一倍，可見女子高等教育的日在邁進中了。

第四節　本期之女子師範教育

宗旨　女子師範教育之在中國，始於光緒三十三年（公元一九〇七）頒布的女子師範學堂章程。當時設立女子師範學堂的宗旨在『養成女子小學堂教習，並講習保育幼兒方法，期於補助家計，有益家庭教育。』

民國成立，改定女子師範學校宗旨爲：『以造就小學校教員及蒙養園保姆爲目的。』女子高等師範學校，『以造就女子中學校、女子師範學校教員爲目的。』從這裏，我們可以看出元年（公元一九一二）所定的師範學校宗旨，不像光緒三十三年（公元一九〇七）所定的，僅限於『女子』小學堂教員了。不過，女子高等師範學校則尚以造就『女子』中學和『女子』師範學校教員爲限。

元年（公元一九一二）師範學校規程，對於師範生的教養，有下列數項之規定：

一、健全之精神宿於健全之身體，故宜使學生謹於攝生，勤於體育。

二、陶冶性情，鍛鍊意志，爲充任教員者之要務，故宜使學生富於美感，勇於德行。

三、愛國家，尊法憲，爲充任教員者之要務，故宜使學生明建國之本原，踐國民之職分。

四、獨立博愛，爲充任教員者之要務，故宜使學生尊品格而重自治，愛人道而尚大公。

五、國民教育趨重實際，宜使學生照現今之大勢，察社會之情狀，實事求是，爲生利之人而勿爲分利之人。

六、世界觀與人生觀爲精神教育之本，故宜使學生究心哲理而具高尚之志趣。

七、教授時常宜注意於教授法，務使學生於授業之際，悟施教之方。

八、教授上一切資料，務切於學生將來之實用，以克副高等小學校令暨國民學校令，並其施行規則之旨趣。

九、爲學之道不宜專恃教授，務使學生銳意研究，養成自動之能力。

上述九項，爲男女師範生所宜共守的訓練要旨，對於師範專業訓練的精神，大體都能顧到。

十一年（公元一九二二）新學制頒定，對於師範教育宗旨，無甚變更。不過，學校制度，不分男女，故於女子師範教育，亦無特殊規定。

民二十一年（公元一九三二）十二月，國民政府公布師範學校法，規定『師範學校應遵照中華民國教育宗旨及其實施方針，以嚴格之身心訓練，養成小學之健全師資。』次年三月，教育部公布師範學校規程，對於師範生，規定應實施左列各項訓練：

（一）鍛鍊强健身體；

(二)陶冶道德品格;
(三)培育民族文化;
(四)充實科學知能;
(五)養成勤勞習慣;
(六)啓發研究兒童教育之興趣;
(七)培養終身服務教育之精神。

組織及行政 清末所定女子師範學堂章程定修業年限爲四年,較男子師範學堂減少一年。民國成立,另定新制,改修業年限爲五年,與男子師範學校相等前一年爲預科,後四年爲本科。入學資格,爲女子高等小學校畢業或年在十四歲以上有同等學力者,得入預科;預科畢業或年在十五歲以上有同等學力者,得入本科。本科又設第二部,招收中學畢業或年在十七歲以上具有同等學力的學生,修業一年。此外,應地方需要,得附設小學校教員講習科及保姆講習科。爲學生實習便利計,應附設高等小學校、國民學校及蒙養園。師範學校之設,以省立爲原則,經費由省庫支給;他如縣立私立,須呈經教育部批准立案。女子高等師範爲國立性質,經費由國庫支給,修業年限四年:預科一年,本科三年。

民國十一年(公元一九二二)學校系統改革案頒布,關於師範教育有下列改革:

一、高級中學分普通、農、工、商、師範、家事等科；但得酌量地方情形，單設一科或兼設數科。（十二條）

二、師範學校修業年限六年。（十七條）

三、師範學校得單設後二年或後三年收受初級中學畢業生。（十八條）

四、師範學校後三年得酌行分組選修制。（十九條）

五、為補充初級小學教員之不足，得酌設相當年期之師範學校或師範講習科。（二十條）

六、依舊制設立之高等師範學校，應於相當時期內提高程度收受高級中學畢業生，修業年限四年，稱為師範大學。（二十二條附註）

上述改革案可注意者：（一）高中設師範科，開師中合併之端；（二）提高師範程度，改五年為六年；（三）行分組選修制，對於基本知識與專業訓練，兼籌並顧；（四）以相當年期之師範學校或師範講習科代昔日之小學教員講習科，多留各地方伸縮餘地；（五）高等師範學校昇格而為師範大學，予師範教育以更高地位。

十七年（公元一九二八），全國教育會議整頓師範教育制度案，有下列各項改革辦法：

一、師範學校得單獨設立。（第一條）

二、廢止六年制修業年限：三年制初中畢業入學者，三年；四年制初中入學者，二年。（第三條）

三、各省如不能特設女子師範學校時，必須在師範學校中特設女子師範科。（十一條）

四、爲適應鄉村小學師資需要，設鄉村師範學校。（第五條）

前項會議又議決：『每省區應就環境適宜之地開設幼稚師範學校或就各地師範（或高中師範科）內，添設幼稚師範科，以培養專門人才，供給良好師資。（鄉村幼稚園不易單獨設立，故最初辦法應就可能範圍以內多招現任鄉村教師之夫人、未婚妻或近親訓練之，方能造就一人得一人之用。）』

二十一年（公元一九三二）以後，師範學校法及師範學校規程相繼頒布，師範教育乃恢復獨立制度。公立中學及高級中學內僅得附設特別師範科，收受高級中學或高級職業學校畢業生；初級中學得附設簡易師範科，收受初級中學畢業生，修業年限均爲一年。依據規定，各省區應將全省分爲若干師範區，每區得設男女師範各一所，男女以分校或分班爲原則，修業年限爲三年。男女師範學校，得附設特別師範科及幼稚師範科，幼稚師範科收受初中畢業生，修業年限三年或二年；又應設附屬小學並得設幼稚園，以爲學生實習及實驗初等教育的便利。各地方爲急需造就義務教育師資起見，得設簡易師範學校，收受高小畢業生，修業年限四年。此外，爲養成鄉村小學師資，又有鄉村師範學校之設，其年限與師範學校同。師範學校之設立，以省立或直隸於行政院之市立爲原則，但依地方需要，亦得由縣市設立或兩縣以上聯合設立。

中師合併與師範獨立　民十一（公元一九二二）學制改革，高級中學設師範科，中師合併，即自那時開始。新制頒行後，實行中師合併，將舊有女子師範學校併入或改設女子中學者，有浙江（十二年合併）、湖北（十五年合併）、福建（十五年合併）、江西（十六年二月合併）、江蘇（十六年六月合併）、安徽（十六年合併）等省；仍沿舊制單獨設立者，有四川、廣東、貴州、山西、河北、山東、甘肅、遼寧、吉林、黑龍江等省；兩制同時並行者，有湖南、雲南、陝西、河南等省。

關於中師合併與師範獨立的問題，論者各執一辭，都有其立論的理由。主張中師合併者所根據的理由，是：

（一）行政上的經濟——學校設備，如試驗室、圖書館、運動場等，合辦則可互相利用，不致重複；教授人員，亦可兼用。

（二）共同生活的陶融——使以教育爲專業的師範生，得與他科學生相與切磋，共同生活，必能收互助互解的效果，認識其在羣衆中的地位，以免其志趣狹隘，局於一隅之弊。

主張師範獨立的理由：

（一）師範生有特殊的訓練方針——

『夫今日中國之教育，乃在建設之初期，欲令中小學教育得等齊普遍之發展，非以全力注重於師資的養成不可，此乃建設國民道德，改造國民身心之根本，而其目的固不僅爲講求學術而已也。是以師範教育之要點，一爲最適宜之科學教育，一爲最嚴格之身心訓練，此之任務，非注重全力建設獨立之師範學校絕不能達其目的。』（十七年全教會議中山大學等提案）

(二)師範生有特殊的需要——

『師範學校併入高中後，師範科生選修學程，全與普通科生同班。前者以養成教師爲目標，後者以升學爲宗旨，同室教課，若教材教法適合師範生，則不能適合普通生；若適合普通生，則不能適合師範生。』（教育會議李相勗提案）

(三)師範學校教育空氣濃厚，易培養專業精神——

『溯自中師合併以來，經費既不獨立，……而校內又無充分之教育空氣，師範教育，遂失其尊嚴，此其應獨立者……』（同前）

『師範獨立，目標確定，訓練集中，易於養成專業的興趣和態度。』（孟憲承程時煃提案）

(四)師範生待遇不同——

『小學教員報酬既薄，生活又苦。欲使其安心以教師爲終身職業，非特別優待不可，此其膳學費所以須全免也。但普通科及商科學生，則須繳費，與之相較，時存輕視師範生之心。故自改組後，各科感情頗難融洽，行政方面發生種種問題。此師範教育之應獨立者……』（同前李相勗案）

在第一次全國教育會議裏，提出了許多關於師範教育獨立的提案，頗引起會衆的注意。因此，會議結果，遂於辦法第一項規定：『為促成義務教育起見，應於高中師範科外，由各省多設獨立之師範學校或師範講習科，特別訓練小學師資。』是則，獨立的師範學校與高中師範科兩種制度可同時並存了。

師範獨立與中師合併兩種制度雖同時並存，但自前案通過後，師範獨立的空氣益加濃厚。十八年（公元一九二九）湖北師範教育獨立，設男女師範各一所，將第一中學及第一女中師範科學生全數分別轉入。二十一年（公元一九三二）七月，江蘇師範教育獨立，設省立師範八所，內單設之女子師範學校兩所（蘇州女師及徐州女師，）男女分部之師範學校一所（淮陰師範，）男女合級之師範學校兩所（鎮江師範及無錫師範。）浙江、江西等省，亦有獨立師範的設置。二十一年（公元一九三二）十二月，師範學校法公布，更確定了師範獨立的制度。最近，安徽師範教育也恢復舊制，重新獨立。除安慶女子師範為女子專校，及池州師範不收女生（池州與安慶同一師範區）外，其餘各師範學校均為男女同校分部制。

課程　元年（公元一九一二）師範學校規程規定女子師範學校分預科、本科第一部及本科第二部。預科學科目為修身、讀經、國文、習字、外國語、數學、圖畫、手工、縫紉、樂歌、體操。本科第一部學科為修身、讀經、教育、國文、習字、歷史、地理、數學、博物、物理、化學、法制經濟、圖畫、手工、家事、園藝、縫紉、樂歌、體操、外國語（隨意科。）第二部學科為修身、讀經、教育、國文、數學、博物、物理、化學、圖畫、手工、縫紉、樂歌、體操。其教學時間之分配如下列各表：

一、女子師範預科及本科第一部課程表

學科＼時數＼學年	預科	本科第一年	本科第二年	本科第三年	本科第四年
修身	二	一	一	一	一
讀經	二	二	一		
教育			三	四	一二
國文	一〇	六	四	二	二
習字	二	二	一		
歷史		二	三	二	
地理		二	二	三	
數學	五	三	三	三	二
博物		三	二	二	
物理化學		三	三	三	三
法制經濟					二
圖畫手工	二	三	三	三	三

科目					
家事園藝				四	四
縫紉	四	四	二	二	二
樂歌	二	二	二	一	一
體操	三	三	三	三	二
外國語	(三)	(三)	(三)	(三)	(二)
總計	三二	三三	三三	三三	三四

* 外國語爲隨意科不列入總計之內

女子師範課程與男子師範不同之點：(一)女子師範外國語爲隨意科，男子師範則爲必修科；(二)女子師範添設家事園藝及縫紉兩科，男子師範則添設農業或商業科。

二、女子師範第二部課程表

科目	每週時數
修身	一
讀經	二
教育	一五
國文	三
數學	二
博物理化	三
圖畫手工	三
縫紉	二
樂歌	二
體操	三
總計	三六

民國八年（公元一九一九）以後，師範學校課程有數項改革：(一)廢止讀經；(二)國文改爲國語；(三)修身改爲公民；(四)注重教育學科；(五)注重體育。

十四年（公元一九二五）八月，全國教育聯合會擬訂新學制師範學校課程標準綱要，採分組選修制，其詳見原標準綱要。

十九年（公元一九三〇）十一月，教育部頒訂高級中學師範科暫行課程標準，規定必修選修科目如下列兩表：

高中師範科必修科目時間及學分表

學科	第一學期		第二學期	
	每週時數	學分	每週時數	學分
國文國語	4	4	4	4
歷史	2	2	2	2
地理				
生物學	4	3	4	3
化學				
物理				
算學	4	4	4	4
社會學及社會問題				
體育	2	1	2	1
音樂	2	1	2	1
論理學	2	2		
教育概論	2	2	2	2
教育心理（包括兒童心理）				
教育測驗及統計				
小學教材研究				
小學教學法				
小學行政			3	3
健康教育				
小學教師應用工藝（或農業）	2	1	2	1
小學教師應用家事（女生專習）				
小學教師應用美術	3	1.5	3	1.5
小學教師應用音樂				
實習				
總計	27	21.5	23	22.5

以上授課時間共計一百五十五小時
合一百二十七學分另加黨義十二學

第三學期		第四學期		第五學期		第六學期		學分總計
每週時數	學分	每週時數	學分	每週時數	學分	每週時數	學分	
4	4	4	4					16
2	2	2	2					8
				3	3	3	3	6
								6
4	3	4	3					6
				4	3	4	3	6
				1	1			9
3	3							3
2	1	2	1	2	1	2	1	6
2	1	2	1					4
								2
								4
2	2	2	2					4
				3	3			3
				4	4	3	3	7
3	3	3	3					6
								3
		2	2					2
2	1	2	1					4
3	1.5	3	1.5					6
				2	1	2	1	2
2	2	2	2	5	5	5	5	14
29	23.5	28	22.5	24	21	19	16	127

分軍訓六學分（女生以應用家事爲代）

選修十七學分合成一百六十二學分

高中師範科選修科目學分表

科目	學分
人生哲學	四
鄉村教育	三
民衆教育	三
幼稚教育	三
低年級教學法	三
圖書管理學	三
地方教育行政	三
教育史	四
比較教育	四

分組選習——選修科目並得依性質而分爲：（甲）藝術組——設關於音樂、繪畫、塑造等的科目；（乙）

體育組——設關於體育健康教育等的科目；(丙)實用技能組——設關於農工、商家事等的科目；(丁)語文組——設關於國文國語、英語、論理等的科目；(戊)數理組——設關於算學、自然科學等的科目；(己)社會科學組——設關於法制、經濟、史地等的科目。

二十二年（公元一九三三）師範學校規程所定教學科目爲：公民、國文、歷史、地理、算學、物理、化學、生物、體育、衛生、軍事訓練（女子習軍事看護）勞作、美術、音樂、論理學、教育概論、教育心理、教育測驗及統計、小學教材及教學法、小學行政、實習等。（二十二年教育部師範教育科目討論委員會議定女生勞作以家事代，另外設選修科目：教育史、鄉村教育、民衆教育、幼稚教育等。）幼稚師範科教學科目，據教育部師範科目委員會所定，二年制爲：公民、國文、歷史、地理、算學、理化、生物、體育及遊戲、衛生、勞作、美術、家事、音樂、教育概論、兒童心理、幼稚園教材及教學法、保育法、幼稚園行政、實習等；三年制分理化爲物理、化學兩科，另加軍事看護、論理學、教育測驗及統計等。

待遇及服務 師範生的待遇，男女均同。據元年（公元一九一二）師範學校規程所定：『公費生免納學費，並由本學校給膳宿費。』又『各地方得酌量情形減給前項費額之半數。』是卽所謂半費生。此外並得收自費生，除學費免納外，膳宿均歸自理。

八年（公元一九一九）女子高等師範學校規程對於學生待遇的規定，也分公費生與自費生兩種。

公費生免納學費，並由學校支給膳費及雜費；自費生則僅免學費。

二十二年（公元一九三三）師範學校規程規定：『師範學校學生一律免收學費，各省市應斟酌情形免收學生膳費之全部或一部。』實際上除掉少數私立的師範學校外學生膳費確多是全部免收或一部免收的。

關於女子師範學校畢業生的服務方面，據元年所定，其服務年限如下：

公費生	五年	半費生	四年
自費生	三年	二部生	二年

與男子師範學校畢業生相較，男公費生七年，半費生五年，餘同。待遇相等，而服務的年限，女子卻稍佔便宜了。

女子高等師範畢業生的服務年限：

本　科公費生	四年
專修科公費生	三年
本　科自費生	三年
專修科自費生	三年

最近，教育部所定男女師範學校畢業生服務年限，『須照其修業年限加倍計算』（師範學校規程第九〇條。）這是因爲師範學校種類不一，修業年限不等，纔有這樣概括的規定。

統計　據教育部第五次調查自五年九月至六年七月（公元一九一六——一七，）全國女子師範生數爲五七九二人占師範生總數百分之二三・二，男生數大於女生數二・三倍。

十一年度（公元一九二二——二三，）據中華教育改進社調查，全國女子師範生數如下表：

師範學校女生數與學生總數比較表

省區	男女生總數	女生數	女生百分比
京師及京兆	八一二	二七一	三三・三七
直隸	二、八四七	六三五	二二・三〇
奉天	二、四六四	四一三	一六・七六
吉林	一、一五七	一五一	一三・〇五
黑龍江	三一六	一一六	三六・七一
山東	二、二八六	三六五	一五・九七
河南	一、六〇七	一八七	一一・六四
山西	三、四四二	八一三	二三・六二

江蘇	四、五二一	七七〇	一七・〇三
安徽	一、七三七	四〇二	二三・一四
江西	一、八〇四	一〇八	五・九九
福建	一、一八〇	一七七	一五・〇〇
浙江	三、〇三九	五四一	一七・八〇
湖北	九四三	一三六	一四・四二
湖南	一、六二七	七七一	二九・三五
陝西	七〇六	五〇	七・〇八
甘肅	七一三	四九	六・八七
新疆	八五	—	—
四川	二、〇一五	四九八	二四・七一
廣東	一、四〇一	一九三	一三・七八
廣西	六四一	—	—
雲南	一、三八五	四〇	二八・八八
貴州	二六五	三八	一四・三四
熱河	一二一	—	—

綏遠	八七	—	—
察哈爾	七六	—	—
總數	三八、二七七	六、七二四	一七・五七

據同統計，尚有師範講習所女生數：

女生數	學生總數	女生百分比
三九九	五、五六九	七・一六

講習所女生數之分配：直隸二五七人，奉天四三人，黑龍江四〇人，福建二八人，浙江一八人，四川一三人。

十八年度（公元一九二九——三〇），據教育部統計，女子師範學校校數及學生數如下：

獨立的女子師範	附設於中學的女子師範	總數
一三二	一六	一四八

女師範生數	師範生總數	百分比
一五、四九五	六五、六九五	二三・五八

又據教育部十九年度（公元一九三〇——三一）統計，女子師範教育概況如左列各表：

各省市師範學校男女生數比較表

省市	高中師範		鄉村師範		短期師範	
	男	女	男	女	男	女
江蘇	一、五八三	一、一一八	二、一二一	四三三	一、八九七	二三〇
浙江	四八〇	一三四	四三四	三七	一、一九〇	四三四
安徽	六〇二	三八一	二五七	—	五八三	一三
江西	六七四	一八三	四一九	二三	七一	—
湖北	三七五	二九一	二五〇	三四	—	—
湖南	七六九	三八三	四、〇六一	八〇九	一〇八	一五〇
四川	二、四八六	八三七	一、六九三	三三二	一、二六八	七八二
福建	五三一	一三七	七五六	三五	—	六三
雲南	一、〇七七	九一	一、一八九	六七	二五九	一二一
貴州	七〇二	六〇三	—	—	—	—
廣東	四、七一〇	二、六〇三	二、六〇二	四四三	二六四	一六五
廣西	五八〇	一二四	五〇	七〇	八二三	七八
陝西	五五六	三四四	—	—	—	—
山西	一、六八二	三九七	八八	四	一、六八四	二二四

河南	一、六七九	七〇三	一、一四四	二四	四、六七五	七五六
河北	二、二〇六	一、八六一	五、二一一	九一八	—	—
山東	一、四一〇	七二五	一、四〇九	八〇	三、二三六	二一三
甘肅	五四	三七	—	—	—	八二
甯夏	七一	一	—	—	—	一三
青海	二一〇	二八	七一	—	—	—
新疆	八一	—	—	—	—	—
遼甯	三、〇四六	四六一	—	—	三、三九五	一、五六一
吉林	二四九	九四	—	—	四七	一三九
黑龍江	二七二	二八二	三四	—	八九	二〇四
綏遠	一九五	二一〇	—	—	—	—
熱河	一四一	—	二五三	六五	二三	三八
察哈爾	三九四	一二一	四五三	—	一〇六	—
西康	—	—	—	—	四四	一五
東省特別區	一一五	九二	—	—	—	—
南京	一二五	一五	—	—	—	—

上海	七一四	一、一九二	—	—	—	—
北平	四一六	四九四	—	—	—	—
青島	二八	—	—	—	—	—
威海衛	—	—	—	—	三六	一五
總計	二八、二一三	一三、九四二	二二、四九五	三、三七四	二〇、二二〇	五、二九六

各省市師範學校兼收女生校數表

省市	高中師範	鄉村師範	短期師範
江蘇	一（五）	九	一七
浙江	一	一	一〇
安徽	—	—	一
江西	二	—	—
湖北	一	三	—
湖南	—	二	—
四川	一	四	二
福建	一	二	—
廣東	八	一〇	二

廣西	—	—	四
山西	—	—	二
河南	一	一	一八
河北	三	—	—
山東	三	四	二三
甯夏	一	—	—
熱河	—	一	—
察哈爾	—	—	一
上海	二	—	—
北平	一	—	—
威海衛	—	—	一
總計	二六（五）	三七	八一

觀前表，十九年度（公元一九三〇——三一）全國女子師範生數比例如左

	女生數	學生總數	女生百分比
高中師範	一三、九四二	四二、一五五	三三・〇七

鄉村師範	三、三七四	二五、八六九	一三・〇四
短期師範	五、二九六	二五、五一六	二〇・七六
總　數	二二、六一二	九三、五四〇	二四・一七

高中師範女生比例占百分之三十三强，鄉村師範及短期師範均較低，然總數比例亦尚在百分之二十四以上，換言之，一百個師範生中有女生二十四人。與民十一（公元一九二二）比較，女生數量約增加兩倍，百分比由一二・三七增至二四・一七。即與民十八（公元一九二九）較，女生數亦增加二分之一倍。

師範學校女教職員數，據同年統計如下表：

	女	男女總數	百分比
教員	五四四	七、三五七	七・三九
職員	二五七	二、九六四	八・六七
總數	八〇一	一〇、三二一	八・〇三

第五節　本期之女子職業教育

女子職業教育的萌芽　職業教育，在中國尚極幼稚。雖然清末有實業學堂的設置，要亦僅有其名而無補於實效。至於女子職業教育，那更是不爲人所注意的了。

在民國元年（公元一九一二）以前，女子職業教育方面有少數蠶桑講習所的設立：如清末史家修創辦的上海私立女子蠶桑學堂，宣統二年（公元一九一〇）江西的女子蠶業講習所，宣統三年（公元一九一一）雲南的女子蠶桑講習班……等，可算是中國女子職業教育的肇端。

民國成立三年（公元一九一三）八月，教育部公佈實業學校令，以『教授農、工、商等必需之知識技能』爲實業教育的宗旨。當時規定實業學校分甲乙兩種，前者『施完全之普通實業教育；』後者『施簡易之普通實業教育。』按其性質，又可分爲農業學校（蠶業、森林、獸醫、水產包括在內）、工業學校、商業學校、商船學校、商業補習學校等。此外並規定：『女子職業學校，得就地方情形與其性質所宜，參照各項實業學校規程辦理。』這是國家承認女子職業教育的開始。

實業學校令對於女子職業教育雖有規定，而實際上，女子職業學校之設立，仍屬寥寥。民國六年（公元一九一七）第三屆全國教育聯合會擬定職業教育進行計劃，關於『促設女子職業學校』有這樣的話：

『查部定實業學校令，有女子職業學校，得就地方情形與其性質所宜，參照各項實業學校規程辦理之規定。但現在各省女子職業學校，多未設立，應由各省區從速籌設。』

由此，可見實業學校令頒布後五六年間仍少女子職業學校的設立。那末，我們視實業學校令之公布為女子職業教育的萌芽，似無不當了。

職業教育的重視　西洋文明撞開了中國門戶以後，中國教育乃廢除科舉制度而採用『中學為體，西學為用』的學校教育，想借助於西學以增加本國的富强。詎知新教育實行了若干年，國家貧弱如故，民生凋敝如故，一般人的『學優則士』的思想又如故。同時，列强更挾其過剩的生產品越海而來，經濟侵略，一天天的愈逼愈緊。因此，在這種生產落後與經濟恐慌的嚴重情態下，職業教育便漸漸地引起了國人的注意。

民國六年（公元一九一七），中華職業教育社成立，其宣言有謂：

『今吾中國至重要至困難問題，尙有過於生計者乎？興學六十餘年，全國學校，亦既有十萬八千餘所，何以教育較盛之區，餓莩載途如故，匪盜充斥如故，……學生之畢業於學校，而失業於社會者比比。……吾儕所深知確信而敢斷言者，曰今吾中國至重要至困難問題，厥惟生計；曰求根本上解決生計問題，厥惟教育；曰吾中國現時之教育，不惟不能解決生計問題，且將予關於解決生計問題之莫大障礙。』

這現象，只須從統計中便可看得出：

『全國中學四百有三所，而甲種實業學校僅九十有四；高等小學七千三百一十五所，而乙種實業學校僅二百三十夫中學畢業力能升學者或不及十分之一，高等小學畢業力能升學者或不及二十分之一，升學者數若是其少，謀生者數若是其多，乃爲學生升學地之中學、高等小學數若是其多，爲學生謀生地之實業學校數若是其少，供求不相劑若此，職業教育之推廣，其可緩耶？』（教育雜誌九卷七號）這是第一個提倡職業教育的社會團體，對於中國的職業教育的促進爲力頗大。

民十一年（公元一九二二）學校系統改革案公布，規定小學課程得於較高年級斟酌地方情形增置職業準備之教育；初級中學得視地方需要兼設各種職業科；高級中學分……農、工、商……家事等科，但得酌量情形單設一科或兼設數科；大學及專門學校設職業專修科……。等職業教育在學制上的地位，至此益爲確定。

十七年（公元一九二八），第一次全國教育會議議決關於推廣職業教育和設立職業學校的議案很多（參閱十七年全國教育會議報告），而系統上仍無大變更。

十九年（公元一九三〇）第二次全國教育會議開會，咸以教育應注重科學實驗，培養生產能力，養成職業技能。因此，對於職業科高中的設置，特別注意。據當時計劃，關於職業教育的改革如下：

（一）職業科高中除師範科、商科和家事科等所需特殊的設備不多，得酌量情形與普通科合辦外，應就農、工兩科設立。

（二）普通高中及普通科、師範科、商科、家事科高中，與農、工高中校數之比率：

1. 凡普通科高中，以及普通科與師範科、商科或家事科合設之高中，應與農、工科高中各占半數爲原則。

2. 如已設普通高中與農、工高中校數超過三與一之比者，至少應將超過比率之普通高中在訓政期內，分別改辦農科及工科。

二十年（公元一九三一），教育部通令限制設立普通中學，增設職業學校，其原文有謂：

『查我國興學三十年，而社會生產落後，人民生計枯窘，日益加甚。其故蓋由普通學校向不注重職業教育，即如昔之甲乙種實業學校，今之職業學校，亦往往限於經濟人才，僅憑書本教授，絕少工作實習。故畢業後仍無實際工作之技能，以從事於各種生產事業。至普通中小學……教學效率自無可言……』

因此，爲『力矯時弊』起見，便定了下面幾項實施綱領：

一、自二十年起，各省及行政院直轄各市所設立普通中學過多，職業學校過少者，應暫不添辦高中普通科及初中。

二、自二十年起，各省應酌量情形添辦高初級農工科職業學校。

三、自二十年起各縣立中學應逐漸改組爲職業學校……。

四、自二十年起，各普通中學應一律添設職業科目或附設職業科。

五、各職業學校或中學附設職業科，應寬籌經費，充實設備，切實養成學生之勞動習慣及生產技能。

六、自二十年起，各縣市及私人呈請設立普通中學者，應分別督勸改辦職業學校。

近年來，政府對於職業教育的設施，更加重視。然實際上，究收得幾許效果，則尚未能明白指出。

女子職業教育的提倡　在整個的職業教育沒有發達以前，女子職業教育絕不會單獨發展的。尤其在今日生產落後的中國，社會的生產組織不健全，女子更少參加職業活動的機會。故女子職業教育更較男子職業教育為落後。但社會在不斷的改造和進展，女子也不斷的由家庭移到社會，她們需要勞動，需要獨立自主的生活。惟其如此，職業活動的參與，乃為其必然的要求，而女子職業教育，便也因此引起人們的注意和提倡。

民國八年（公元一九一九）五月，教育部訓令各省女子中學謂：

『查上年全國中學校校長會議議決女子中學校應附設簡易職業科，並須擴充女子職業案……查原案所稱各節，不為無見。各女子中學校自可酌量地方情形附設女子簡易職業科，以資實用。』

同月，教育部並訓令各省女子中學校注重家事實習，其理由：

「大學言治國平天下，必以齊家為先蓋家為國家社會之根本其良窳如何，影響至鉅然欲求良善之家庭，必自研究家事始。……竊謂家事為女子中學校最重要之科目，應增加時數，注重實習。……」

同年，第五次全國教育聯合會議決普通教育注重職業科目及實施方法案，施於女生者有家事園藝、手工、縫紉等科，關於設備、教授練習各方面都有規定。

民十七年（公元一九二八）第一次全國教育會議開會，議決推行平民女子職業教育案，其理由如下：

（一）女子有相當之職業，即可以自謀生活。一方面可以減輕男子負擔，一方面可以增加國家富力。

（二）女子有相當之知識，既可以教養子女，改良家庭；又可以服務社會，提高國民程度。

（三）此過渡時代，中年婦女失業失學者甚多，其地位人格，頗受影響；非藉平民女子職業教育以救濟之，不能使其地位提高，人格保全。

（四）中國人民雖有四萬萬，而無知識無職業之婦女，以及知識、職業遜於男子之婦女，幾居其半。使平民女子職業教育推行普遍，則二萬萬之婦女與二萬萬之男子，知識相當，技能相等，可使國力增進，復何患於貧弱？

（五）全國對於無力求學及年長失業之婦女，尚無相當教育機關。雖有職業學校可以容納女生，但其性質非平民的，且不能普遍。

（六）多數女子之知識、能力及天性，與男子不等，操業自不能無異，而尤以年長失業者為最甚。故須特設平民女子職業學校以教育之。

因為上述六大理由，便議定下列辦法：

由中央政府通令各省縣，廣設平民女子職業學校，但須注意左列數項：（一）各地經濟情形；（二）各地社會需要；（三）各地婦女狀況；（四）主科限定一門，以求技能嫻熟。

十八年（公元一九二九），南京市婦女代表大會議決請普設婦女職業學校及夜校案，教育部乃據情通令各省謂：

『查職業教育與補習教育，亟應提倡，早為國人所公認。其在女子，需要尤切，更不待言。本部現正延聘專家，擬訂高級中學職業科課程標準，凡農、工、商、師範、家事等科，……對於女子均應兼籌並顧。至該南京市婦女協會所請普設婦女職業學校及婦女夜校之處，應飭所屬體察地方財政狀況，酌量推行……』

十九年（公元一九三〇）五月，教育部通令各省市：『將轄境內之各大學或中學擇其設備完全及經費充實者，酌設婦女職業班，……逐漸擴充，以期普及。』

以上所述，都是關於提倡女子職業教育的史實。由此更可見中國女子職業教育之幼稚的程度了。

女子職業教育近況　自民國十一年（公元一九二二）學校系統改革案公布起，女子職業教育已不分性別而與男子同一系統了。當時關於職業教育的改革諸要點以及嗣後政府對於職業教育的諸種設施，自應認爲都是同指男女職業教育而言。

二十一年（公元一九三二）以後，公布職業學校法及職業學校規程，以『培養青年生活之知識與生產之技能』爲職業教育的宗旨。並且對於職業學校學生，規定實施下列各項訓練：

(一)鍛鍊强健體格；
(二)陶融公民道德；
(三)養成勞動習慣；
(四)充實職業知能；
(五)增進職業道德；
(六)啓發創業精神。

依據前項規程所定，職業學校分初級職業學校與高級職業學校。前者收受小學畢業或具有相當程度年在十二足歲至十八歲者，修業年限一年至三年；後者收受(一)初級中學畢業或具有相當程度年在十五足歲至二十二歲者，修業年限三年；(二)小學畢業或具有相當程度年在十二足歲至二十歲者，修業年限五年或六年。

職業學校之分科依規程所定表示於左：

（一）關於農藝者
- 初級
  - 普通農作（稻、棉、麥作等）
  - 蠶桑　森林　畜牧
  - 養殖　園藝等
- 高級
  - 農業　森林　蠶桑
  - 畜牧　水產　園藝

（二）關於工業者
- 初級
  - 籐竹工　木工　板金工　電鍍
  - 簡易機械工　電機　電料裝置及修理
  - 汽車修理　攝影　印刷　製圖
  - 染織　絲織　棉織　毛織　陶瓷
  - 簡易化學等
- 高級
  - 機械　電機　應用化學
  - 染織　絲織　棉織　毛織
  - 土木　建築　測量等

（三）關於商業者
- 初級
  - 普通商業　簿記　會計
  - 速記　打字　廣告等
- 高級
  - 銀行簿記　會計　速記
  - 保險　匯兌等

（四）關於家事者 { 初級 { 烹飪　洗濯　造花　縫紉 / 刺繡　理髮　育嬰　傭工等 } / 高級—縫紉　刺繡　看護　助產等 }

女子職業教育，與男子並列於同一系統，這是進步的現象。除此，我們便難說有什麼其他進步的地方。據十九年度統計，全國女子職業學校共計六十九所（詳見後面統計），這個數目，一見就令人感覺女子職業教育的幼稚。而且，在設科方面，大抵不外蠶桑、縫紉、刺繡、家事、用器畫、繪畫、紡織、染織、應用化學、藝術、助產、工藝等科，也太偏重於家事方面了。至於，畢業後的出路，由於社會生產事業的落後，所學更非所用。這固然是中國整個教育的現象，而在女子則爲尤甚。所以，教育的結果，便是把女子改造爲摩登的奴隸，仍給她送回到閨閫裏去度其千年一系相承的附庸生活，所謂地位的提高，人格的保全，都不過是些標語或口號而已。

統計　據教育部第五次統計五年八月至六年七月（公元一九一六——一九一七）全國女子職業學校學生數爲一八六六（甲乙兩種合計）分配情形：江蘇二〇七，福建九七，黑龍江七〇，山東九一，浙江一三六，湖南一〇〇五，雲南二六〇，其他各省區概付闕如。而當時實業學校男生數爲二八二二三，大於女生數十五倍强。

據中華教育改造社調查，十一年度（公元一九二二——二三）各省區實業學校女生數如下列兩表：

甲種實業學校女生數與學生總數比較表

省區	男女生總數	女生數	女生百分比
京兆及京師	一、一〇〇	六一七	五六・〇九
直隸	七八二	—	—
奉天	七六五	—	—
吉林	一六六	—	—
黑龍江	二二八	—	—
山東	一、四三六	八〇	五・五七
河南	一、七九二	—	—
山西	一、一七七	—	—
江蘇	二、八〇九	三三七	一二・〇〇
安徽	一、四一一	—	—
江西	一、〇五八	一二三	一一・六三
福建	九五一	—	—

乙種實業學校女生數與學生總數比較表

浙江	一、七七四	一三五	七·六一
湖北	九七〇	一六〇	一六·四九
湖南	一、八五三	—	—
陝西	四二六	—	—
甘肅	八七	—	—
新疆	—	—	—
四川	四〇一	—	—
廣東	三〇一	—	—
廣西	一九二	—	—
雲南	二九七	—	—
貴州	三〇六	—	—
熱河	—	—	—
綏遠	七八	—	—
察哈爾	—	—	—
總數	二〇、三六〇	一、四五二	七·一三

省區	男女生總數	女生數	女生百分比
京兆及京師	二三二	—	—
直隸	六二四	—	—
奉天	五四一	二六	四·八一
吉林	—	—	—
黑龍江	四七六	—	—
山東	四、二〇七	五八	一·三八
河南	二、九〇二	—	—
山西	二、二三九	—	—
江蘇	三、一〇六	六九一	二二·二五
安徽	三八九	—	—
江西	二九三	一〇四	三五·四九
福建	六三九	二九〇	四五·三八
浙江	一、一一四	九二	八·二六
湖北	六五九	一二〇	一八·二一
湖南	一、〇一七	三五〇	三四·四一

陝西	六四六	二六	四・○二
甘肅	八三	—	—
新疆	—	—	—
四川	一一○	—	—
廣東	三○八	—	—
廣西	—	—	—
雲南	七七六	—	—
貴州	一○六	—	—
熱河	—	—	—
綏遠	—	—	—
察哈爾	—	—	—
總數	二○、四六七	一、七五七	八・五八

十八年度（公元一九二九——三○），據教育部統計，全國職業學校女生數：

女生數	學生總數	女生百分比
七、○○三	二六、六五九	二六・二七

全國無女子職業學生之省市，有貴州、廣西、陝西、山西、吉林、新疆，西康、青海、甯夏、東省特別區、南京、北平、青島、天津、漢口等，幾占全國區域二分之一。

又據教育部十九年度（公元一九三〇——三一）統計全國女子職業教育概況如左列各表

各省市職業學校男女數比較表

省市	男女生總數	女生數
江蘇	三、一八一	一、三六〇
浙江	二、三三一	七一一
安徽	一、六〇三	五八四
江西	一、八三三	二七五
湖北	一、〇一〇	二五七
湖南	五、九四六	三、七五三
四川	二、九〇四	四四三
福建	一、九八四	四四六
雲南	一、〇一九	二一九
貴州	九二	—

廣東	三、四一四	八五一
廣西	一六八	二一
陝西	四七五	—
山西	四一二	—
河南	二、一五一	六八
河北	一、〇六〇	—
山東	一、一一八	二四八
甘肅	一六三	九
寧夏	一五	一五
青海	七一	—
新疆	—	—
吉林	二〇五	—
遼寧	三、八八五	三八六
黑龍江	三〇二	—
綏遠	七八	—
熱河	三〇	—

察哈爾	二六八	｜
西康	｜	｜
東省特別區	二九六	九三
南京	二七九	一六四
上海	二、九九七	一、〇二〇
北平	三五七	｜
青島	｜	｜
威海衛	｜	｜
總計	三九、六四七	一〇、九二三

職業學校兼收女生之校數表

省市	農業	工業	商業	職業
江蘇	二	｜	｜	｜
浙江	二	一	二	｜
安徽	｜	｜	｜	二
江西	一	一	｜	一

四川	—	—	—	六
福建	—	—	—	六
雲南	—	—	—	一
廣東	一	—	二	二
廣西	—	—	—	二
山東	—	—	—	二
南京	—	—	—	一
上海	—	—	一	一
總計	六	二	五	二四

觀前表，十九年度職業學校女生數所占比例爲百分之二七·五五，較十八年度略有增加。惟無女子職業學生者，仍有十五省市之多，占全國三十四省市的七分之三。

同年度，職業學校女教職員數：

	女	男女總數	百分比
教員	四五五	三、九六八	
職員	一七一	一、八七六	

總數	六二六	五、八四四	一〇・七一

第六章　中國女子教育現況之檢討

第一節　中國女子教育落後的原因

說到中國教育，本來，整個兒就是落後的。新教育雖隨西洋文明的狂潮撞進了中國，為時近百年之久；而實際上牠仍是舶來品的移植，今天仿傚這個，明天仿傚那個，迄未見有真正從本國社會生活出發的教育制度之樹立。仿傚固不能說是壞事，不過仿傚便要澈底，不僅仿傚人家的形式，更要仿傚人家的精神或實質，若徒以新奇的名詞相號召，結果中不中，西不西，只有百弊而無一利。中國教育百年來，都是在這個迷魂陣裏亂鑽，始終沒鑽出個結果來。

中國的整個教育，是落後的，是病態的，而女子教育則為落後中的落後，病態中之病態的。女子教育正式列入學制，雖已近三十年，三十年中也已有驚人的進步，然而與男子教育相較，則又瞠乎其後，數目懸殊之大，固不必說；即以女子教育之重要性及真義而論，亦尚不為人所認識。嚴格言之，女子教育自萌芽以迄於現在，經過六、七十年間的努力，而終未脫離附庸的地位。所謂教育不過是一種豪貴的裝飾與穿高跟鞋畫眉……等同樣的用為裝飾而已。這原因，我覺得可以從兩方面去看：一、社會的原因二、女子本身的原因現在請先述前者：

宗法社會的束縛　現代中國仍未脫離宗法社會的勢力，宗法社會乃是封建制度下的產物，牠是有利於統治者的在宗法社會之下，家庭的地位很關重要。家庭中繼承宗支的是男子，男子是家庭的主人，社會的主人。他們佔領着社會上的一切權利，而女子便在這種社會制度下做了雙重奴隸。因爲繼承宗支的只有男子，女子是別人家的人，自然不爲人所重視，因此教育的享受也只好讓男子有優先權。而且宗法社會女子沒有繼承權，她們又失去了經濟的自由，雖女子有求學的願望，然以限於經濟，終不能使她滿足。胡適的李超傳上說：『李超說「此乃先人遺產，兄弟既可隨意支用，妹讀書求學，乃理正言順之事，反謂多餘，揆之情理，豈得謂平耶？」這幾句話便是她殺身的禍根。誰叫她做個女子！既做了女子，自然不配支用「先人遺產」來做「理正言順」之事！』又說：『李超有錢而不得用，以至於受種種困苦艱難，以至於病，以至於死，……這是誰的罪過？……這是什麼制度的罪過？』『……凡是男子無子，無論有無女兒，都還要承繼別人的兒子爲後。即如李超的父母，有了李超這樣一個好女兒，依舊不能算是有後，必須承繼一個「全無心肝」的姪子爲後，……』這便是一個有爲的女子犧牲在宗法社會下的例證。

舊禮教的桎梏　中國是禮教的國家，這禮教支配了數千年的女子生活，而視女子爲奴隸，所謂『婦者服於人也，』就是教女子服服帖帖做男子的奴隸。『人』只是男子的代名辭，女子是『人』以外的東西，並不是『人』。女子既被視爲奴隸，奴隸自然不需要什麼教育，而且主人也不願給以教育，因爲奴隸若受了與主人——男子——同樣的教育則將自覺其地位的卑賤而起反抗那豈非有害於「男尊女卑」的萬世之基?所以，女子只須讀幾本女兒經之類的書，認識幾個字，能記家用賬項和寫封家信便得了。

女子是男子的奴隸，奴隸就是財產、所有物，因此貞操觀念又成為女子身上的一副鐐銬。女子既要保守貞操，我們的古聖古賢便在他們的聖賢經傳裏立下了許多「隔離」的信條，所謂『內言不出於閫，外言不入於閫，』『男正乎外，女正乎內，』『女子出門必掩蔽其面，』這都是教女子不要露臉到社會上來。這種數千年一系相承的禮教觀念，不知犧牲了幾許女子的幸福，埋沒了幾許女子的才性！這種舊禮教的勢力，到現代仍潛伏在社會的各處。女子連臉都不准露，那末能教她到社會上去和男子受同等的教育嗎?像李超到離家『一日可達』的廣州讀書，而她承繼的哥哥却說：『儇等祖先為鄉下人，儇等又係生長鄉間，所有遠近鄉鄰女子，並未曾有入開遠遊羊城（廣州）求學之先河，……鄉黨之人少見多怪，必多指摘非議，……我為爾事處措無方，今爾以女子身為求學事遠遊異域，我實不敢在尊長前為爾啟齒。……』（李超傳）其實，在中國社會裏，正不知有千千萬萬個李超在舊禮教下埋沒了她們的才性！

玩物性的心理　女子做了男子的奴隸還不算事，而且更要做男子的玩物，古往今來，誇贊女子的美貌，什麼『一顧傾人城，再顧傾人國，』什麼『沉魚落雁，閉月羞花，』什麼『回眸一笑百媚生，』……這都是用在女子身上的爛調。至若現代，則用什麼『蘋果似的臉，』『婀娜的細腰』……一類的話來形容女子，這又何異於從前？從這一點看來，男子已是把女子裝飾得像一枝花，像一個玩具似的安琪兒，供他們玩弄！

我們試問：不論什麼機關舉行娛樂會一類的聚會，爲什麼一定要女子跳舞？船艦下水或飛機命名，爲什麼定要『夫人』或『女士』擲瓶？路局開車爲什麼要女子剪線？接待要人或致祭死者，爲什麼要女子獻花？競賽結果爲什麼要女子給獎？……難道這類的事只配女子做嗎？女子只配像瓶，像線，像花，像獎品似的玩意兒教人開心嗎？

以女子爲玩物的心理，普遍的存在於整個的中國社會裏。譬如最近某市長宴請外賓，邀聘某大學女生充任招待。據該大學某生語新聞記者：『……吾人但聞日本人招待外賓時，嘗有許多女性出席招待，然其所謂女性，均爲歌妓，絕非大學學生。國家社會擲許多金錢，果望吾等爲媚外之招待乎？……市長向外人討好之心過切，以致忽略國家教育之莊嚴，汚辱青年，吾人實欲哭無淚！』（二十三年五月七日大公報）其實，在中國，像這樣以女子爲玩物的，又豈只這事而已。我們只須稍爲注意點，隨時隨地都會發現到這類的例證。這種視女子爲玩物的心理，確爲妨害中國女子解放的暗礁！

職業機關的半封鎖政策　教育是含有着生活準備的性質，受了教育，自然要參加社會上的職業活動，使其才性、技能有發表的機會。『爲學問而學問』的態度在現代社會是不需要的了；現在需要的是能手腦並用，學行合一的人。知識指導生產技術的改良，促進生產事業的發展；生產技術和生產事業卻充實知識的內容使知識更爲切實，更爲有效。二者間有着相互的關係，不可偏廢。假使一方面發生了障礙，另一方面亦必受其影響，而得不到良好的結果。女子教育的落後，這半身不遂的現象，未始非其原因之一。女子既有了教育，自必須使之在社會上有其出路，不然，教育了仍給她送回家庭裏去，那末，教育的效果安在？

現在中國職業機關對於女子，說是封鎖吧，牠又容許女子進去；說是開放吧，而牠又拒絕女子。無以名之，名之曰『半封鎖政策。』在這種『半封鎖政策』之下，行政機關也容許少數女子進去，但卻要被認爲『花瓶，』視爲案頭供玩而已；學校機關也容許女子充任教職員，而在當局看來，不過適應潮流，湊湊熱鬧罷了：至於其他機關，如商店之用女子，則利用之以爲廣告，工廠之用女子則圖其工價之賤，便於驅役。試問有幾個人真正了解職業神聖而引用女子？有幾個人毫無差別的同等待遇女子？至若不爲職業機關所延用，就連『花瓶』『牛馬』而不可得的，更不可勝數。於是受了教育的女子仍不得不回轉到家庭裏去度其坐食的無聊生活，這樣又怎叫女子教育不失敗落後呢

託兒機關的缺乏　女子應該有職業的出路，而許多女子往往因結婚生兒便棄其職業或不願就業終其生爲家庭生活所累。不但在職業方面如此，即在教育方面，女子亦往往因結婚生兒而輟學。

在兒童公育制度未實現以前，這種現象是終不可避免的。女子生育是她生理上稟賦，生了又不能不

養育，養育沒有公家設立的機關負責，勢必要女子自己來擔負，那末，女子那裏有時間享受教育？受了教育又那裏有時間去發表她的所學？

現在，到處雖都有幼稚園的設置，而一般的幼稚園一則只收三歲以上的兒童，對於嬰兒的哺乳照顧問題，仍未解決；一則現社會的幼稚園只可說是富有者的兒童游樂園，只是替城市裏太太少奶奶照管兒童，讓她們多些自由自在的享樂機會。試問這種幼稚園對於大多數學齡前的兒童有何裨益？對於勞働婦女的時間，又有何調劑？

學校制度的不良　本來整個的中國學校制度，就已有了毛病，即所謂『貧人出錢，富人享受。』陶知行說的：『一提起教育兩個字就覺得酸溜溜的。……的確，教育是成了少爺小姐政客書獃子的專有品，如果把這種教育普及出去，……簡直要成爲一個中華少爺小姐政客書獃共和國，眞要不打自倒了。』細味這幾句話的語意，何等傷心！固然，現在的學校是製造少爺小姐……的場所，然而在學校裏的學生又何嘗不是從富貴家庭裏來的少爺小姐呢？有人說現代所謂『女子教育，』簡直可說是『小姐教育，』『少奶奶教育』『姨太太教育』的綜合名稱。這話雖屬過火，却也並非無故。我們只掉轉頭來看看農村婦女的日困於「貧」「愚」「弱」的境地中，度着奴隸的生活，永遠夢想不到城市婦女竟有享受教育的幸福的苦狀；那末，前面的話倒也不是毫無根據！

教育為富有者所獨佔，他們很便宜的送他們的女兒到學校裏去。貧人連兒子尚難顧到，那裏還能顧到女兒？根本他們買不起門票——繳重量的費只好永遠望着那高大的門牆嘆氣，只好仍舊敎她們做奴隸，做『服於人』的奴隸！

女子教育，只以城市的小姐少奶奶……爲對象，屏棄大多數的農村婦女於宮牆之外。這樣，想使女子教育發達，那怎樣可能？捨棄多數而僅顧少數，又怎叫牠不落後、失敗？

至於女子本身方面也的確有許多地方是使女子教育落後的原因，說到這裏，我聯想到高君珊女士在論女子教育上幾種很嚴重的錯誤文上曾有這樣的話：『英國女界的先進，經過多少的奮鬬，劍橋、牛津兩大學，纔設女子部。美國的著名大學，限制女生選修的科目，如法律、工程之類，至今還是很常見的事。日本的幾個帝國大學，有的直到今日還不收女生。我們中國的女子，不流一滴的眼淚，半滴的血，居然坐享其成，與男子受同等教育……』（東方三十卷四號）中國的女子總算是很便易的從男子手裏得到教育權，照理應如何奮發，促其發展，而實際上女子本身還常常在那裏做出些影響女子教育的行爲，這眞叫人有些痛心！這女子本身的原因是些什麼呢？

一受教育便遺棄社會　在未受教育以前，女子是社會裏的人，她和別的人一樣的生活着；等到一入學校，她變了樣了，她覺得她的身份是特殊的，高於一般人的，於是她們高抬眼光，再也瞧不起她們所從來的社會了。由於鄙視社會便遺棄社會跳到社會的外面去盡量的企求適合於高貴身分的享受於是她所從來的社會裏的最多數婦女仍日處於奴隸地位的困狀早被忘却了。

特殊的身分自然需要特殊的享受因此受過教育的所謂新女子，便做了『洋貨的消費機，』『時裝的創造者，』整日價只在消費上講究工夫，呼奴喚僕，好逸惡勞，已成爲一般受教育的女子生活的共同趨向了。受教育的程度越高，消費的程度越大，其有害於整個的社會也越厲害！但談到民族的盛衰，國家的興亡，試問在女子心目中有幾個關懷殷切而立志以天下爲己任的？

本來農村一般無知的婦女固處於奴隸地位，但就社會方面去看，多少她們總還能從事於直接的生產。她們的生產力雖然微小，可是，消費力却也更其微小。現代受教育的女子不但不能從事生產，而且要大量的消費，也難怪貽良妻賢母主義者以攻擊的口實！

以出嫁爲職業　由於好逸惡勞的習染，許多女子便都以出嫁爲職業了，做別的職業，在未得職業之前，要和男子競爭；得到職業之後，要拿出自己的血汗去換人家的報酬，這都是要自己拿出力氣來的。但最不用勞力，不用血汗而能得供養的，便是出嫁。出嫁和得到職業一樣的有飯吃，有錢使；所不同的就是出嫁不用勞力。有許多女子，爲了避免從事於勞動，而情願以出嫁爲其職業的。教育含有職業準備的性質，那末，女子既以出嫁爲職業，則女子求學便是『求夫』的準備或手段了，爲求得好的丈夫，當然自己得受些教育，加上這層教育的外衣，會容易引起男性的注意而被雇用——既爲職業的關係，就可稱之爲雇用。我們試看，有多少女子不是爲『求夫』而受教育的？小學女生要嫁中學生，中學女生要嫁大學生，大學女生便要嫁留學生，這幾乎成爲現代男女婚姻媾成的公式（當然也有例外。）她們之所以受教育乃是爲了自己的婚姻而受的，易言之，是爲了男子而受的，這種忽視自己人格的教育觀，怎不教女子教育落後？

缺乏獨立人格的信心　這一項也可以說是前一項的結果，女子好逸惡勞，以出嫁爲職業，這種職業固不必使用勞力，而爲鞏固職業計，則不得不獻媚於其主人，因此奇裝異服，畫眉燙髮……等便成爲女子日常的工作，爲了要取媚男子，她不得不在這些上面用工夫，不得不粉碎自己獨立的人格而爲男子玩弄。這種忽視自己的人格，徒以取媚於男子的人生觀，固不僅中國的婦女爲然；即在歐美先進國家也多這樣女子。最近美國克里扶倫地方的婦女正在提倡着一種媚態運動，她們覺得女子應該在媚態上痛下工夫，然後才能取悅於男子，才能到處受着男子的追求。這種運動的實行，便是『到處開演講會，貼標語，甚且各個婦女團體都附設有媚態專修學校，教以見男子之媚，向愛人之媚，對丈夫之媚，以及……媚等，使其成爲一取悅男人的能手而後已。』使自己成爲『取悅男人的能手』，那只是男子的附屬品，却把自己的獨立的人格喪失了。這確是阻礙婦女解放運動的一大孽障。其實我國所謂現代婦女，在名義上雖沒有這種運動，實際上誰個女子不是在『媚態上痛下功夫？』女子的「人」的人格，尙且未能確定——連這點自覺心也沒有，又難怪女子教育的落後了。

中國女子教育落後的原因，既如上述，社會和女子本身應各負一部份責任，不過，我覺得社會所負的責任尤甚於女子本身，因爲女子本身的不自覺也未嘗不是現實社會環境所造成的。所以，對於怎樣使落後的教育變爲前進的，使男女不平等的教育變爲平等的，一方面固須促醒女子的自覺，而另一方面，尤其重要的則在整個社會的改進。

第二節　中國現代女子教育的矛盾性

在未說到中國現代女子教育矛盾性之前，先得將現代中國整個教育的矛盾現象加以檢討，然後再進而討論女子教育的矛盾性。

一、整個教育的矛盾

經濟與教育　社會組成的基礎是經濟，教育乃建立於經濟基礎上的上層建築。經濟的機構若有變動，教育也必隨着而發生變動，經濟的變動是教育演進的因，教育演進便是經濟變動的果。中國舊教育之所以能够綿延二千餘年之久，也就是因爲自給經濟奠定了二千餘年的社會基礎。到了近代，先進的資本主義國家，因爲機械工業發達，生產力量增大，於是向外的開拓市場乃爲其必然的需求。中國產業落後，生逢斯世，列强的來華通商，和由通商而引起糾紛戰亂，遂使中國三千年來的自給經濟社會完全崩潰，而『買辦經濟機構』便繼而抬頭。買辦們一方面承受外國的商品推銷內地，一方面採集內地的原料轉售外國，在這原料和商品的買賣過程中，賺取了一部份的商業利潤。但這種建築於商業利潤之上的經濟機構，是要受國民購買力的影響的，購買力降低，則此種經濟機構也勢必隨之而搖動。目前中國農村破產，國民經濟衰竭已極，因之，以商業利潤爲基礎的買辦經濟遂隨國民購買力的降低而逐漸搖動、崩潰。所以，在經濟本身方面，已有了內在的矛盾。

今日中國的經濟機構，不但如前面所述，有其內在的矛盾，而且和現代中國的教育也發生着矛盾。中國教育係受列强商品和砲彈的侵略而脫胎於資本主義國家的，這種教育的最大目的，一在養成參與政治的公民，一在訓練從事機械生產的勞働者。這裏請先討論訓練勞働者的所謂生產教育。

『生產教育』這名辭用到中國來，雖爲時甚暫，但在中國，近似於生產教育之職業教育，却自清末開辦實業學堂，以迄於今日之限制文法科，偏重於實科的發展等，已有三、四十年的歷史了。三、四十年來毫無效果，這就是由於經濟機構和教育有了矛盾的原故。我們知道生產教育的主旨，乃在訓練有生產技術的勞動者，從事於現代機械工業的大量生產，圖國家生產力量的增加，以抵制資本主義國家的經濟侵略和提高國民生活的享受標準。但是這種增加國家生產力量的生產教育或職業教育對於買辦經濟發生正面的衝突因爲買辦不是直接的參加生產而是依賴於外國商品的推銷賺取利潤以圖自存的他們不需要勞動的技術人才，不引用勞動的技術人才使國家生產力量增加以促其自身的滅亡。教育和經濟既有了這樣的正面衝突，試問教育的設施又怎能發生效果？

復次，中國的教育乃脫胎於資本主義國家，尤其是金元國的美利堅，現行的六三三制便是原封不動的從美國搬到中國來的。六三三制之在美國，行得極有效果，這是因爲這個制度適合於美國的國情，和一般平民的經濟能力相調勻的原故。中國生產事業落後，國民經濟能力異常薄弱，以中國少數的富民才只能比得上美國一般的平民，中國的一般平民的經濟能力，那不知要遠下於美國平民的水平綫若干倍了。拿中國和美國比較來說，中國確是個道地的破落戶，中國的國民，誠如中山先生所說的，只有大貧與小貧之別，所以適合於美國一般平民的教育，移植到中國來則只能適合於少數的富民這種教育制度，顯然地牠不能滿足一般國民的需要，牠和整個的國家經濟發生着不相調融的矛盾。

政治與教育　前面說過現代教育的目標，除了訓練從事生產的勞動者外，還有個同等重要甚至更爲重要的目標，就是在於培養健全的公民參與政治活動。尤其在民主國家，這種政治的訓練是教育上一件重大的任務。所謂民主，杜威曾用民有(of the people)、民治(by the people)、民享(for the people)這幾個字來解釋牠的意義，從這三個簡單的含義裏，便可以看出一個公民所處於國家的地位。斯賓塞

(Spencer)主張教育爲完全生活的準備，他對於完全生活列舉了五種活動（一）直接支配自己保存的活動，（二）間接支配自己保存的活動，（三）子孫教養的活動，（四）政治的社會的關係之活動，（五）消閑活動。第四種活動便是參與政治生活的準備訓練。龐錫爾（Bonser）定教育之社會的目標有四種活動：（一）健康活動，（二）公民社會的活動，（三）職業的活動，（四）休閑的活動。印格里斯（Inglis）定教育的目的有三：（一）社會公民的目的（Social civic aim），（二）職業的目的（Economic vocational aim），（三）消閑的目的（Individualistic avocational aim）。龐、印二氏對於公民的政治活動，都爲注重，同視作教育所應達到的目標。杜威在他的明日之學校一書上也曾說過這樣話：『社會及政府的行爲，要由社會的各個個體負責，所以各個個體一定要受到一種訓練，使他能夠應付這種責任，使他對於政府的工作，能夠有相當的參與。假如我們訓練我們的兒童使他們去奉行命令，使他們的做事不過是因爲受了命令，不能給他們行動的自信力和獨立思想，那麼，我們就是在革除現行制度的弊端和建設民治理想的眞義上，投了一個差不多不能越過的障礙物。』從杜氏這一段話看來，更可以使我們明白政治與教育的相關性，和教育對於政治上所負的任務。

在於中國，據民國十七年（公元一九二八）國民政府所定教育宗旨爲：『中華民國之教育，根據三民主義，以充實人民生活，扶植社會生存，發展國民生計，延續民族生命爲目的，務期民族獨立，民權普遍，民生發展以促進世界大同』所謂『民權普遍，』就是在於養成運用民權參與民主政治的公民。民政權治權如何運用，權利如何享受，義務如何去盡，以及社會與個人的相互關係如何辨別，這都是一個公民所應有的認識。如何使社會的各個個體具有這種政治活動的意識和能力，那就是教育所擔負的責任了。現代中國的教育，對於這件重要的功能，似未克盡其任務。固然，中國政治目前尚在訓政時期民權運用未能普遍；而教育方面之缺乏政治知能的訓練，確也是教育上無可諱言的一件有虧厥職的事。

道德與教育 道德是社會的產物，是用以維持和適應社會生活的範疇。牠既是社會情境的反映，而宇宙間沒有萬世不變的情境，所以宇宙間也就沒有萬世不變的道德。情境改變了，道德也必隨着情境的改變而改變。在某種社會生活裏，便會有某種道德觀念的產生，換句話說，先有社會生活，而後始產生適合於那種生活的道德。涂爾幹(Durkheim)說：『我們限於詮解我們先祖遺下的舊道德，是不成的。我們必須援助兒童了解他們無意中向之而進行的新理想，更須指導他們向此新理想而進行。徒保全過去是不足的，我們必須備將來。』（涂爾幹著崔載陽譯：道德教育論頁一二）由此可見道德須緊隨着社會生活的改進而前進這個原則的重要。

教育為飽含社會性的一種社會設施，對於社會生活反映的道德，極有攸關，甚至是完全合一的。如杜威說的『教育上所願有的一切目的與價值的自身，就是道德的性質。』便是這個意思。教育上所願有的目的與價值自身乃隨時代的變遷而異其趣，如中國過去帝制時代的教育在於培養士大夫為帝王垂治天下的輔佐，故其實施也就在『明倫』的目標之下和舊道德相輔而行。及至現代政治組織一反舊日之帝制而為今日之民主，教育制度也一反舊日之科舉教育而為今日之學校教育，所以在今日之社會中，教育上所顧有的一切目的與自身價值也就不同於昔日了。

今日教育的最大需要，乃在於社會生活之有效率的參與。故杜威認為『一切教育，如能發展「對於社會生活能作有效率的參與」的能力，都是道德的教育』。（平民主義與教育頁六五二）照這樣解釋，道德的意義益加豐富，而且益切於實際生活了。

前面說過公民之政治活動，那是限於政治一部分而言的，其實所謂公民，其範圍非常之廣，即如道德教育就是公民的主要部分。德人凱欣斯泰奈（Kerschensteiner）解釋公民教育的觀念：（一）公民教育，並非政黨或政派的問題，（二）公民教育不可與單純的公民教授混為一談，（三）公民教育，並非指經濟的技術的教育而言，（四）公民教育與法政的陶冶絕異其趣，（五）公民教育與社會教育亦有區別。（見 G. Kerschensteiner, Stastaburgerliche Erziehung, 1901）凱氏的意思，公民教育乃是在於養成智情意兼備的完全的人格者，能夠有效率的參與社會之精神的及物質的生活。

道德與教育這問題的一般概念，我們已約略的明白了。我們再回轉頭來看看中國的實際教育對於道德的訓練收了多少效果很明顯地，一般受過教育的兒童或成人，根本上毫無『對於社會生活能作有效率的參與』的能力。社會上的紛亂、傾軋、虛僞……諸現象，十足的表現出舊的道德失其憑依新的道德尚未建立的沒落狀態。

二　女子教育的矛盾

生產教育與良妻賢母主義　生產教育，在產業落後的中國，目下已經應時而興了。看近年來一般人的鼓吹提倡，直鬧得震天價響；在政府當局也提倡和獎勵得不遺餘力，這未始不是中國教育上一個開明的朕兆。究竟什麼是生產教育？我們看蘇俄教育學者勃郎斯基（B'onsky）對於生產學校所下的定義：『生產學校是把學校的作業建築在有經濟意義的生產勞作上面的。(1)因爲只有如此才能使兒童認識實際的經濟歷程；(2)亦因惟如此才能使兒童自己在其不把勞働當成游戲的時代而能樂於實際有用的活動。』這種生產教育，是以生產勞作爲中心的富有經濟意義的『人』的教育。這種教育的對象是一般民衆，牠教人類利用科學發明的成果和生產工具的使用，使人類在共同勞働的義務下，養成共同的道德和創造的人格。

在蘇俄，整個的教育就是有着生產意味的，牠把教育和生產打成一片，教育離不了生產，生產也離不了教育，生產和教育揉和成爲社會生產化的生活教育。他們以爲「生產」的首要條件是勞動和自然，所謂自然，乃是人類自身的身體及其一切器官與圍繞人類的自然環境；勞働乃是與自然的條件結合着所發生之生理的、物理的、化學的、乃至所謂有意義的行動。勞働和自然相結合後的關係，便是社會現象。所以，蘇俄的敎育哲學是以勞働、自然、社會三者爲其基本範疇的。由此我們可以知道蘇俄的生產敎育注重在勞働，是以勞働爲中心，使之適應於社會的組織的。

生產敎育的目的是什麼？牠在於增加社會的生產力使各個人都在共同組織的社會下努力於生產品之創造『在現代社會下的人類全體，無論男女都是工人』。由這句話看來，生產事業是屬於人類全體的，人類全體——男的女的都負有爲社會生產的義務，或增加社會生產力的責任所以生產敎育不分男女的界限牠不僅敎男子成爲社會的生產者牠更要敎養女子同男子一樣的參加社會的生產敎女子由家庭中移到商店工廠農場行政機關學校等的社會場所裏去

然而在中國對於女子敎育却又提出了一個『良妻賢母』的目標所謂『良妻賢母』就是說要做丈夫的好的妻子，兒子的好的母親，換句話說，就是要女子仍舊回到『家庭』裏去，躲在閨閣裏灶爐邊度其『算命燒香笑女婿外孫雞』的附庸生活。所謂女子敎育，不過是敎以『爲女爲妻爲母之道』使成爲時髦的奴隸罷了。這種良妻賢母主義的女子敎育之敎女子爲家庭的主婦，與生產敎育之在養成社會的生產者是極相矛盾的。前者敎女子躱在家庭裏，後者乃是敎女子走到社會上來；前者是『奴隸』的敎育，

後者是『人』的教育，這一點我們首先要認識清楚！

不過，有人說，女子的整理家政教養子女即使不是直接生產者，而也是間接生產者，更或有人要進而主張，女子的整理家政教育子女，就是生產。那末生產教育不是和良妻賢母主義相調和了嗎？其實，這種主張是完全錯誤的。因為前面既然說過，生產教育的最大目的是在於增加社會生產力，故生產教育對於生產技能的訓練，應該要適合於現代的機械生產，否則，何以能滿足現社會的需要和抵制外來的經濟侵略？現在不但不給女子以適合機械生產技能的訓練更以其畢生精力消耗於瑣細家務中其於社會生產力的增加有何裨益況且，女子之服務家庭沒有物質的酬報，我們不能認為服務家庭就是一種職業——職業是有物質的酬報的。女子沒有職業，換言之就是沒有生產力，他們在經濟方面是不能獨立的，經濟方面既無獨立能力，自然終究逃不出附庸的奴隸的地位。女子之為良妻賢母，服務家庭，雖然也在勞働，甚或比男子還勞動得厲害些；但卻只是為男子而勞動——奴隸性的勞動，與生產教育之使人類在共同組織的社會下為普遍的平等的社會化的勞動迥然不同。

退一步言，即或女子經管家庭和教育子女，也算是一種生產。然而這種生產，從全社會的觀點去看，不過是一種浪費的生產，缺乏經濟意味的生產。牠徒然犧牲女子固有的才性，使其生產的可能性不能發展，不能供獻於人類社會，這是很可惜的事！我們提倡生產教育，就該顧到女子也是人類全體的一員，絕對不能教女子從社會裏走到家庭裏去；我們要使所有的男子和女子，都在普遍勞動的義務下進行他們的生產活動。

女子學校教育設施上的矛盾　教育有了目標，則其一切設施將隨目標如何而定其行止。實施教育的機關當不止於學校，凡是有傳遞作用和交通作用的社會關係都是含有教育性的。杜威說的『所謂交通作用，乃是一種歷程使人彼此參與經驗，直至個人經驗變成公共所有而後已。這種交通作用，能使雙方參與的人的傾向都互相改變。……』（杜威民本主義與教育第一章）這就是說，社會即是教育的機關，在共同生活下參與活動而獲得學習的成效。平克微支 (Pinkevitch) 也曾說：『當我們說及動作時，我們的意思不祇是指教師的直接影響 (Direct influence) 而言，而是更特別地指為教師所創造的環境的影響 (Influence of the environment)而言的。而且，我們說的教師不單指個人也兼指制度，各種不同的組織，甚至國家本身，只要在牠們運用教育的機能範圍內，就必須當作教師去看待。』(A. P. Pinkevitch: The New Education in the Soviet Republic. P. 4.)這也就是說一切社會制度都是教育機關，一切社會的自然環境，都是教材。不過，學校乃是各種制度中更為具體的教育機關，學校課程乃是經過選擇的有組織的社會經驗。杜威說學校是一個特別環境，特為造成來改進學生的智慧與傾向的。他以為這個特別環境有三個極為重要的功用：（一）把牠所欲發展的傾向要素，弄成簡易有秩序；（二）使已經存在社會裏面的風俗濾淸成爲理想化；(三)創造一種更廣的，更好的，平衡的環境，使靑年不受狹隘的社會環境所限制。這樣看來，學校教育仍然有其存在的價值。

學校教育在教育上仍然有牠的地位，而學校教育的設施，自然要依照教育的目標進行，定了目標，要養成什麼樣人，就實施什麼樣的教育。現在對於課程的編造，已知採用科學的方法了，如業務分析法(Job analysis)、活動分析法（Activity analysis），都爲根據人類實際活動的需要而舍取教材編造課程的方法。需要養成某一種人，就分析某一種人的必需具有的活動與興趣，從這種分析的結果編造課程，而後才能適應實際的生活環境，才能達到預定的教育目標。譬如我們的教育要養成公民，那末我們就要分析一個公民應該具備些什麼活動和興趣，分析了公民所應有的活動、與趣，然後就根據這些活動、興趣選擇教材編造課程。這樣方可以使教育能夠實用，使教育的結果不致落空。

復次，前面說過，學校教育不過是教育機關中的一個具體的特別環境，整個的社會仍然是飽藏着教育的意味。而且，社會的教育比較學校的教育尤爲切實，尤爲有效。所以，教育者切不要忘記學校是社會中的一部份，務使學校自身成爲一種社會生活，使學校裏的學科與校外的生活連貫一氣。庶幾校內所學的就是社會上所用的，把「學」「用」連在一起，教育的設備和時間才不致浪費，由學校所造就的人，到社會上也不致無用。

從上面幾段話看來，我知們道教育是有目的的，牠要根據牠的目的而定其設施，其設施也須適合於社會的需要。我們現在根據這些原則來觀察今日中國女子教育的設施究竟是否合理？

現代中國之女子教育的目標究竟牠要養成什麼樣人，並未明白確定，牠的目標，只在曖昧不明，模棱兩可之中，各種性質都有一點。這種無目的的實施，實爲中國女子教育的最大缺點。女子教育的目標，大體說來可別之爲下列三點：（一）良妻賢母，（二）公民，（三）勞動的人。這裏，我們姑就這三點看牠與學校教育設施是否符合或矛盾？

第一良妻賢母　良妻賢母就是要使女子成爲一個善於處理家務教養子女的人本來處理家務教育子女，在中國一向是由女子擔任的，而中國的女子一向沒受過教育不也是擔任得很好的嗎？不過，受了教育可以使女子擔任得更爲合理，使女子成爲『更賢之母，更良之妻。』但我們從現代女子學校的課程上看有那幾種是養成良妻賢母的即或有許多女校添設一兩門家事、縫紉、烹飪等課程，而學習這點技能，是否就可以成功良妻賢母？假使眞要以良妻賢母爲目的的話，爲什麼不把所有的教科書都改爲『家庭適用』教科書？而且，在學制方面，爲什麼不另外明白規定『良妻賢母學校系統』的兩性雙軌制？老實講，在目前這種女子學校教育的設施下，是不會訓練出良妻賢母來的；倒是沒有受過一點學校教育的女子反能做一個良妻賢母。假如我們要尋求一個良妻賢母的女子，那就請到未受新教育的婦女隊中去找，若是誤走入宮牆萬仞的學校，那祇有使你失望。所以現行的女子學校教育，對於這一個目標——良妻賢母，並沒有達到。

第二養成公民　這裏所謂公民就是在於培養富有政治的意識和運用民權的能力以參與國家的政治生活前面曾經說過中國整個的學校教育對於這一點都忽略了女子學校教育自然也不能例外。而且中國女子在社會上的地位，雖自五四運動以後日見提高，但在習慣方面，大家仍覺得女子祇是閨幃中的人物，尤其是政治生活，女子在社會勢力的暗示下，竟然裹足不前。學校課程方面雖然也排有關於『公民教育』的課程實際上却只是教學生記憶幾個名辭而已至於國家民族觀念的認識，權利義務的享盡，社會關係的辨別……等，在學校裏並沒有告訴女子。譬如男女平等這一個觀念，每個受教育的女子似乎都很明白，當她同男子出門時，她要走在前面照相時她要站在左邊；……這些地方占了不少便宜，她們以爲自己已是平等了。這樣模糊概念的運用，便是中了『名辭』教育的毒。所以，現代的女子學校教育，對於培養公民這一個目標，也沒有達到。

第三養成社會的生產者　生產教育的目的在於養成勞動的生產者現代所謂勞動當然是指社會的生產的勞動而言若僅以家庭事務之處理如縫紉烹飪等也謂之爲勞動那乃是百年前的現象非今日生產教育之所欲言一方教女子受生產教育的訓練，一方又教女子做良妻賢母，其間矛盾已在前面述過了。

現在之女子學校教育，與男子學校同一弊病，誠如陶知行所謂『教育是成了少爺小姐政客書獃子的專有品』，的確，現代女子教育僅僅是富有者的女子教育的別名，而不是眞正的一般民衆的女子教育。女子學校旣未着重於生產勞作的訓練而社會上的生產事業也沒有發達，結果就是有些女子想從事於生產勞動的，而社會上也少有生產的機關容納女子。

綜上所編，中國女子教育的動向是矛盾的，女子學校的設施也是矛盾的，在這矛盾交互的網裏，中國的女子教育，便由變態而幾至於流產的境地。究竟，現代中國女子教育，應該走那一條路？從整個的世界趨勢看，女子教育新動向到底是什麼？這些問題，我們在下節討論。

第三節　中國女子教育動向之確立

女子教育的三個主張　關於女子教育的主張，在現代中國可大別爲三派：(一)良妻賢母主義(二)反良妻賢母主義(三)調和派。第一派淵源最早，其在社會上的勢力也最大，女子教育萌芽時期的『相夫教子』的女子教育觀，就是良妻賢母主義的先聲。這一派以爲在歷史方面，女子所負的責任，多半是經營家庭，因爲女子性情細密，對於瑣碎的家事處理，是她們的特長。又因爲生理上的秉賦，要生育嬰兒，育兒則須賴產前的胎教和產後的母教，所以對於女子教育主張養成良妻賢母。第二派是對於第一派思想的反動這一派從人的基本觀念上主張男女應該受同等的教育，因爲男女同一樣是『人』，女子之所以被逼到家庭裏去經營家務，乃是封建社會制度產生以後的結果。既然男女同一樣是『人』，自然應該同等的受「人」的教育。關於第一派和第二派的主張，第四章第一節裏已詳爲論述，茲從略。第三派是對於第一派和第二派的主張的調和。這一派企圖很大，想融合前兩派的思想而自成一理論的系統。他們覺得最完全的女子教育就是於女子的特殊教育而外，再加以「人」的普通教育，即所謂在家庭中要養成良妻賢母，在社會上要養成健全公民。這一派主張，驟見之頗具見地，但仔細推敲一下，便會發覺他的謬誤。我們知道健全公民是出廚房的，良妻賢母是入廚房的。一面敎女子入廚房做良妻賢母，一面又敎女子出廚房參加社會的活動，無論在理論上或事實上，都是極其矛盾的主張。其實這種主張，仍舊是偏於良妻賢母主義的，根本就不能另成獨立的一派。

什麽是女子的天賦　良妻賢母主義者所持的最大理由，乃是女子天賦的性格和能力都適於處理家務和教養子女。而且，他們更引證歷史的事實『女子向來是擔負家庭的責任的。』

的確，中國女子（外國女子也是如此）數千年來都是擔負着經營家庭的責任，她們消耗畢生的精力在處理家務和教養子女這些瑣碎的事務上面，社會活動是禁止女子參加的。但是，我們追溯到史前時期的母系中心氏族社會時代，女子却是做了某一部落（氏族）的領袖，她驅使男子，不要男子參加政治的活動，同以後男子不使女子參加政治的活動一樣。女子的這種優越地位，到了母系中心社會演化到父系中心社會以後才漸漸降低了。（參閱第一章第二節）

我們要認清楚這一點，那時所謂『氏族』並不就是現在的『家庭。』女子掌握氏族的全權，却不能附會說就是服務家庭。雖然氏族裏有些和現在家庭裏相同的事務是爲女子所掌理的，但在那時，一面因爲女子視處理家務是一種權力，自不能以權力委於男子之手；一面也是因爲當時的生活簡單，無須怎樣勞動卽可獲得生存資料，有餘裕的時間供他們處理氏族的事務。所以，從歷史方面看，有個時期是女子支配社會的，女子被逼到家庭裏來乃是社會制度變革到某一階段以後的事。

這裏，我要對於『天賦』的問題討論一下，所謂『天賦』就是指先天的秉賦而言，和心理遺傳同一意義。究竟女子和男子天賦的差別在那裏？在生理方面，除掉姙娠和經期男女間顯著的差別，就是女子平均身長較男子爲低，男子的手較女子的闊而且大，頭腦也是男子較爲重些大些。但是這些差別，並不是先天的秉賦，而是由於後天的環境上不同的生活狀態——營養，身心的教養和操業等——所決定。我們常看到一班一向勞動慣的女子，其身長軀幹頭腦各部分都和男子無異，便是明證。而且這些後天的生理上的差別，對於女子的智能也並無影響。常人每謂頭腦的大小可以決定智慧的高低，但據研究的結果，證實

『智能和腦重之間沒有證據可以證明有密切的關係。』(Raymond Pearl: Variation or Correlation in Brainweight, Biometrika, Vol. IV. June 1905. S. 83.) 再說人類的個性差異，也只是指人與人之間的個性差異，而不是指男女之間的性別差異。據現代心理學家桑代克的意見，個性差異大於男女間的差異。（見第四章第一節所引）而且根據測驗的結果，男子所能操作的職業，女子也都能擔任，女子和男子實同樣具有多方面的職業興趣和才性。所以認女子天賦的性格和能力只適宜於處理家務和教養子女，那祇是一種迷信。誠如培培爾(Bebel)說的『主張產子和家事是婦人的天職的思想，是和「有史以來就有了國王，所以國王非永久存在不可」的思想相同。』

人的觀念的確立　在中國女子一向沒有被認爲是『人，』『人』只是男子的專有名詞。女子是什麼呢？第一章已經說過，女子是男子的奴隸。女子『服於人者也，』她要做丈夫的妻子，兒子的母親，自己沒有獨立的人格。女子的一生，就是要把自己所有的精力貢獻給丈夫和兒子，除此，她們什麼也沒有。我們除開人類的別的階級不說，單就這一點，我們可以說人類有兩個對立的壁壘，一是『人』的男子，一是『奴隸』的女子。女子要使之做馴良的奴隸，做丈夫的妻子和兒子的母親，所以在教育方面，也就以學『爲女爲妻爲母之道』爲女子教育的目標。

在未確定正確的女子教育動向之前，我們須把女子之『人』的觀念先行確定。『人』的觀念沒有確立，眞正的女子教育是不會有的。女子究竟是不是『人』？奴隸是否永遠是奴隸而不能翻身？解答前一個問題，我們要問什麼是『人』？關於人的最好的定義，要算佛蘭克林(Franklin)所說的『「人」是製造工具的動物，』人有雙手可以製造萬物，這是人異於他種動物的特點。雙手爲勞動的原因，勞動也就是人類的特點。又有人說『「人」是理性的動物，』有理性才有求知慾，才能適應這複雜的社會生活。女子不是也具有和男子一樣的雙手和理性嗎？前面一段說過，女子沒有什麼異於男子的特性，那末女子是人，已毫無疑義的了。關於後一個問題，所謂『奴隸，』乃是由於人類鄙視某一部份的同類之卑賤的心理再加上經濟的政治的社會關係所形成的產物。在現代，人類已漸趨向於最高道德的完滿，打破階級的對立，未來的社會，沒有強有力者的掠奪，也沒有統治者的壓制，整個的社會是在平等、互助、合作等最高原則下進行着平衡的發展。劃出一部份同類的人做自己的奴隸，這是進化的人類所引爲恥辱的事。

女子是『人，』同男子一樣的是『人，』這個觀念已經確立，不容吾人絲毫懷疑了。女子既也是『人，』當然要施以『人』的教育，而不該施以『爲人』的教育——奴隸教育的變象，這點，下面更有較詳細的討論。

產業革命與家庭　家庭制度之成立，是農業發達，由游牧生活而進於定居生活時期的事。牠的基礎，乃建築在農業經濟或自給經濟上面，所以只有在農業經濟或自給經濟社會中纔可以維持牠的地位。自從產業革命以後，由於機械生產的發達，自給經濟便因而崩潰，家庭制度也漸次搖動了。資本家為圖生產的高速度發展，而利用大量的工人，復因節省生產費用而更利用女工，女工不但廉價地拍賣她們的勞力而且比男工更為忠心於她們的職務，因此女子便漸漸由家庭而走到社會的場所來了。

在德國，據一九〇七年調查，已有女工九百五十萬人，占女子全人口百分之二十強。法國，一九〇一年調查，有女工六百八十萬人，占女子全人口百分之二十五。意國，一九〇一年調查，有女工五百三十萬人，占女子全人口百分之三十三，奧大利，一九〇〇年調查，有女工六百萬人，占女子全人口百分之四十四。

而且據一九〇〇年美國國勢調查所有當時職業的種類為三〇三種，其中沒有婦女加入的僅海陸軍人、水手、消防夫的領班等八種。尤為吾人所可注意者，女子在許多職業中有機械工匠五〇八人，鐵匠一八五人，機關運轉手及火夫四五人，掘井匠一一人，汽管職工八人，領江五人。常人所認為女子不能做的工作，現在女子都能夠做了。據愛倫凱(Ellen Key)的戰爭和平及將來上記載英國女子職業的種類，如鐵道事務員，牛乳分送夫，鐵路站役，肉店助手，鐵路查票員，火車清潔夫，鐵路站長，郵差，長途馬車車掌，派報人，電車駕駛，彈藥及軍裝品製造工，雜貨店助手，運送夫，洗滌者，當差，銀行員，電話接線人，書店店員，官署辦事員，火車司機，信號手，煤礦工人，俱樂部夫役，農人，商店招待，昇降機司機人，發動機管理人，此外尚有服務戰場的婦女汽車隊，市政廳的守備隊等，差不多所有的職業都有女子加入了。以上都是很早的記載，最近當更有增加。至於在社會主義國家的蘇俄，婦女們更是沒有那一個不參加勞動的。據一九三〇年統計，全蘇俄婦女參加社會主義建設中足有一百六十萬人在國家經濟部門工作，莫斯科區全部工人五五六、六四九人中婦女佔二三八〇二九人，列寧格勒區全部工人三三四、六二七人中婦女佔一三一、〇四四人，北高加索全部工人一一〇、二〇九人中婦女佔二三、〇〇二人。在農場方面，足有五百萬農村婦女在新型農場工作，就是農場的管理人才和技術人才，女子也非常之多。像集體農場管理機關人員婦女已有百分之二十，監察委員會也占百分之十九，駕駛汽車的婦女竟達一萬八千人以上。

在中國，據民國十八年（公元一九二九）上海社會局調查上海市工人男工占百分之三四·二〇，女工占五六·五〇，童工九·二三。又據十九年（公元一九三〇）工商部調查：蘇、浙、皖、贛、鄂、粵、魯、閩、桂九省的二十八個城市的工人男工三七二、六二六人，女工三七四、一一七人。

以上所列統計，都顯示着女子從家庭的操作而進於社會的勞動的情況女子由家庭走入社會，家庭組織的崩潰，乃爲其必然的趨勢。何況家庭制度會養成人類的自私心，社會上的戰爭、掠奪種種罪惡，追源尋本，無一不是因緣於這種制度而產生的。有些學者，像培培爾、卡本特（Carpenter）等都覺得家庭制度使人類道德的及知識的各方面陷於偏狹而貪婪的苦淵；女子因家庭制度之存在，更不能得到眞正的自由和平等。因此，他們都主張打破現存的家庭制度。

總之，無論在理論或事實方面女子已不限於家庭的圈套而埋沒她們的才性，她們有和男子同樣的社會生活的興趣和能力。所以在現代社會下的人類，無論男女都有工作的擔負，假使婦女不擔負社會上的勞動，則將仍被鎖入到閨閾裏灶爐邊，度其奴隸的生活，這不是我們所主張的；我們應絕對承認婦女同男子一樣的是社會的人，要使女子參加社會的各種活動，發展人類的生活興趣和能力。換句話說，要使女子從家庭跳到社會上來，脫離家庭的羈縛。以前屬於家庭的衣、食、住、養育等事務，統統交給社會成爲社會的公共事業。所以在這種社會裏，家族制度，完全失却了效用，婦女是社會的人，同男子一樣以勞動爲至尊至高的事業，貢獻其勞力於整個的社會。

兒童公育與教育　婦女解放的最大障礙，厥惟家庭制度，歐美婦女之所以未能得到眞正的解放，也就是受了家庭制度的累。她們雖已稱平等，其實仍不是眞的平等，只不過是時髦的奴隸代替了古典的奴隸罷了。她們所受的教育，雖也是同男子一樣，可是他們教育的要旨，仍是在於養成主婦的『主婦教育。』即如現代最有權威的教育大師杜威也不免說出這樣話：『……我因此聯想到女子教育的重要，女子與消費的接觸最多，因爲女子總不能與家庭脫離關係的，要使女子有了教育，便可以隨時限制隨時鑑別消耗品的好壞，做一個良好的消費家，西洋女子就是大家在那裏注意消耗品的監督或限制。』（杜威五大講演教育哲學三〇——三一頁）由此可以知道西洋的女子教育只是主婦的教育，養成服務家庭的有消費能力的主婦教育而已。

家庭制度最重要的原素，乃是兒女。兒女教養問題不澈底解決，家庭制度便不能澈底打破，男女平等教育也不能澈底實現。因爲婦女問題最難解決之點，不在未生育前而在既生育後，生育後的子女教養，遂使女子永陷於家庭圈套之內，而不能自拔。所以最澈底的辦法，便是實行『兒童公育』。實行『兒童公育』，女子可以不受家庭的牽制，可以和男子同等的參加社會的各種活動。這種『兒童公育』不和舊式之含有補助性的慈善性的階級性的『育嬰堂』『貧兒院』同，也不和今日之不澈底的富有者所專有的『幼稚園』同；我們要認定牠是社會對於一切兒童的義務，所有兒童都無條件的享受這種權利。

兒童公育的益處最重要的約有下列諸點：

(1)女子的能力得和男子同樣發展；不致因養育而廢學失業，依夫賴子。

(2)人人不必具有教養知識，不必個別花費，在共同教育之下，人力財力都較經濟。

(3)男子可終身免受家累，不受家庭影響而沮喪志氣。

(4)兒童不受父母溺愛或壓制，能在社會環境下同等的發達其自立、互助等觀念。

(5)兒童得受合理的教養，使諸種能力獲得合理的發展。

(6)融家庭教育學校教育社會教育於一爐，可免向來學校與家庭隔閡矛盾之弊，且可化學校的死的教育爲適應社會需要之活的教育。

(7)社會因男女在平等的協力合作條件之下盡力於各種事業而日益進化。

兒童公育既有上述各種利益，我們應該深信牠是解決婦女問題甚至社會問題的重要關鍵。不然，日倡男女平等，只不過是徒費唇舌無補實效！男女平等教育，尤須建設於這種關鍵之上，此關若不先行打破，男女平等教育，絕不會澈底實現。

男女教育絕無軒輊　女子的『人』的人格既經確立，她和男子一樣，並無所謂天生的優劣。從過去和現在的事實中我們知道女子所從事的工作，斷不限定於某一種或某數種，凡是男子所能從事的工作，女子也都能勝任愉快。雖然女子在生理方面，有不可避免的姙娠和經期，但只要社會的組織健全，這種生理上的缺陷是可以設法彌補的，我們斷不能因爲這一點原故就剝奪女子參與社會活動的機會。

男女既是平等的，則在教育上，自也絕對不能有所軒輊。我們沒有理由強迫女子學習縫紉、刺繡、烹飪等專爲女子而設的課程，更沒有理由禁止女子學習某幾種課程（如美國大學禁止女生選習工程法律是。）我們要根據學習原則，就個人的興趣去『因材施敎』。譬如有許多女子對於縫紉、烹飪絲毫沒有興趣，那末爲什麼定要勉強她們學習她們所不願學的東西呢？假使有些男子對於縫紉、烹飪，感覺興趣，那末，我們也該讓他學習縫紉、烹飪，這才合乎眞正的教育原則。總之，男女敎育應絕對平等，課程的選擇，只根據個性而不限於性別。

男女教育既應絕對平等，我更進而主張各階段的教育，男女應澈底同學。最好我們應忘掉男女界限，使大家同等的立在『人』的地位參加社會的各種活動，同心協力謀人類的幸福和世界的進步；不要強分畛域，使男女各自成一世界，彼此隔閡，因為這社會是屬於人類全體的，自然需要人類全體——男和女——來共同擔負這推動時代巨輪的責任。

女子教育的新動向　現在有些人覺得中國女子自五四運動而後，已漸漸和男子享受同等的教育了，而男女平等教育的結果，徒使女子學習了許多壞的習慣，增加消費的度量，不事生產，為害社會。因此，他們主張女子教育仍舊回到良妻賢母的路上去。現代中國女子教育的結果，確如他們所說的。但這也不僅是女子教育的失敗，就是較女子教育發達為早的男子教育，又何嘗不是一樣？那末，為什麼不教男子教育重回到以往的科舉制度呢？所以，我們只能說現在的整個教育是走錯了路，要挽救牠，也只有從整個的方面去通盤籌劃，徒責於女而不責於男，這未免太偏狹了吧！

女子應該和男子受同等的教育，是否就教女子去受現在的男子教育？我個人的意思，覺得女子和男子受同等教育已無可置喙；不過現在的男子教育也是有了毛病的，教女子從有毛病的不平等教育走到仍然有毛病的男子教育，以暴易暴，這當然也沒有好的結果。我們要全盤推翻有了毛病的現教育制度，從新建立起適合於世界的潮流和本國的實際生活的健全體系的新制度，這種教育制度，是從人類全體出發的，牠屬於整個的社會整個的人類，牠不分男女的界限，而同是『社會的人』的教育。

眞正的女子教育就是站在『人』的立場，以『社會的人』爲目標，以普遍大衆爲對象。根本上，牠就是整個的『社會的人』的教育，並沒有什麼專爲女子而設的女子教育——『女子教育』只是爲暫時說明便利計的一個名辭，到某一時期，男女間已沒有界限，這個不妥適的名辭就會消滅。而且，未來的教育是建設在生產上的（是生產教育之普遍的澈底的實行，使整個的教育富有生產的意義，甚至使二者揉合而爲一體，）因爲人類的生活要依賴生產——勞動，生產或勞動是人類生活中最重要最尊貴的事業，男女毫無分別地在共同組織下從事於各種生產的活動，享受『人』的平等的教育。這是女子教育的眞鵠的，中國的女子教育是應該向這一方向走的。

中國現代女子教育史終

敬啟

『民國專題史』叢書，乃民國時期出版的著名學者、專家在某一專題領域的學術成果。所收圖書絕大部分著作權已進入公有領域，但仍有極少圖書著作權還在保護期内，需按相關要求支付著作權人或繼承人報酬。因未能全部聯系到相關著作權人，請見到此説明者及時與河南人民出版社聯系。

聯系人 楊光

聯系電話 0371-65788063